MW01628794

Wo nicht anders vermerkt, sind die Rezepte für 4 Personen berechnet.
Sans autres indications, les recettes sont conçuses pour 4 personnes.
The recipes are for 4 persons, unless stated otherwise.

EL = Esslöffel	cs = cuiller à soupe	tbsp = table spoon
TL = Teelöffel	cc = cuiller à café	tsp = tea spoon
Msp = Messerspitze	pc = pointée de couteau	l = liter
l = Liter	l = litre	ml = milliliter
ml = Milliliter	g = gramme	g = gramme
g = Gramm		

Zweite Auflage 2011

Lektorat . Léonie Schmid

Konzept und Gestaltung . FonaGrafik

Einführung und Regionentexte . Yvonne Tempelmann, Zürich

Foodfotos . Jules Moser, Bern (13, 15, 17, 27, 29, 31, 37, 39, 47, 49, 55, 59, 71, 73, 81, 87, 89, 91, 93); Evelyn und Hans Peter König, Zürich (19, 21, 25, 41, 45, 51, 57, 61, 63, 67, 69, 75, 79, 83, 87); Andreas Thumm, Freiburg i.Br. (35)
Touristische Bilder . Keystone
Traduction française . Philippe Rebetez | Delémont
Translation in English . Joëlle Hofmann | Arlesheim

Druck . Druckerei Uhl, Radolfzell

ISBN 978-3-03780-446-9

SCHWEIZER KÜCHE
CUISINE SUISSE
SWISS COOKING

Alfred Haefeli, Hrsg.

INHALTSVERZEICHNIS

Schweizer Küche 8
Cuisine Suisse
Swiss Cooking

OSTSCHWEIZ 10

Bodensee-Fischsuppe 12
Soupe aux poissons
Fish soup from the Bodensee

Appenzeller Käseküchlein 14
Quenelles au fromage
Cheese cakes from Appenzell

Zürcher Geschnetzeltes 16
Emincé de veau,
sauce au vin blanc et champignons
Veal strips from Zurich

Schaffhauser Zwiebelkuchen 18
Tarte aux oignons
Onion cake from Schaffhausen

Thurgauer Apfelküchlein 20
Beignets aux pommes
Apple cakes from Thurgau

GRAUBÜNDEN 22

Bündner Gestensuppe 24
Potage à l'orge
Barley soup from the Grisons

Capuns 26

Maluns 28

Engadiner Nusstorte 30
Tourte aux noix de l'Engadine
Nut pie from Engadin

ZENTRALSCHWEIZ 32

Gedünstete Albeli 34
Féra au beurre
Braised white fish

Geräuchertes Rippli mit Marroni 36
Côtelettes de porc et châtaignes
caramélisées
Smoked ribs with chestnuts

Urner Älplermagronen 38
Macaronis et pommes de terre au fromage
Potato and macaroni bake from Uri

Spinatknöpfli mit Schabziger 40
Spaetzles aux épinards et Schabziger
Spinach Knöpfli with Schabziger

TICINO 42

Minestrone 44
Potage aux légumes
Vegetable soup

Risotto ticinese 46
Risotto à la tessinoise
Risotto from Ticino

Ossobuco Casalinga 48
Jarrets de veau et légumes
Homemade veal knuckles

Tessiner Klosterkuchen 50
Gâteau aux épinards, bolets
et fromage
Monastery cake from Ticino

NORDWESTSCHWEIZ 52

Basler Mehlsuppe 54
Potage bâlois à la farine
Flour soup from Basel

Salm nach Basler Art 56
Saumon bâlois
Salmon «The Basel Way»

Solothurner Leberspieße 58
Brochettes au foie
Liver spits from Solothurn

Gerollter Kalbsbraten 60
Roulé de veau aux pruneaux
Rolled veal roast with damsons
and shallots

Kirschenauflauf 62
Gratin de cerises
Sweet cherry dish backed in the oven

BERN 64

Berner Zwiebelsuppe 66
Potage bernois aux oignons
Bernese onion soup

Kartoffelrösti 68
Rœsti
Grated fried potato cake

Emmentaler Lammvoressen 70
Blanquette d'agneau d'Emmental
Lamb dish from Emmental

Berner Platte 72
Plat bernois
Bernese platter

Meringues mit Erdbeeren 74
Meringues chantilly aux fraises
Meringues with strawberries

WALLIS 76

Kartoffelgratin mit Tomaten 78
Gratin de pommes de terre
et de tomates
Potato-tomato bake

Lötschentaler Käseküchlein 80
Galettes au fromage du Lötschental
Cheese cakes from Lötschental

**Aprikosen
an Weinschaumsauce** 82
Abricots avec mousse au vin blanc
Apricots on white wine mousse

ROMANDIE 84

Crème de poireaux 86
Lauchcremesuppe
Leek soup

Fondue Moitié-Moitié 88
Fondue half and half

Papet vaudois 90
Laucheintopf
Leek stew with sausage

Tarte au raisiné 92
Traubensaftkuchen
White grape juice cake

SCHWEIZER KÜCHE

– CUISINE SUISSE | SWISS COOKING –

«Schweizer Küche» – Sie kann nur als Sammelbegriff gesehen werden. Zu vielfältig und viel zu verschieden sind die Regionen, als dass sich eine einheitliche Küchenkultur hätte heranbilden können. Doch in dieser Vielfalt liegt gerade der große Reiz und die Qualität unserer Landesküche.

Geprägt vom Bauernstand, der in allen Landesteilen die ursprüngliche Bevölkerung bildete, wurden die traditionellen bäuerlichen Rezepte während Jahrhunderten weitergegeben. Sie bilden die Basis einer Küchenkultur, die mit ihren faszinierenden regionalen Unterschieden bis heute weitgehend erhalten geblieben ist. Noch immer läßt sich an den verwendeten Nahrungsmitteln die bäuerliche Herkunft von Selbstversorgern ablesen. Allerdings haben die einst deftigen, auf einem höheren Energiebedarf basierenden Rezepte angepasst werden müssen, um der heutigen Lebensweise gerecht zu werden. Sie sind leichter und bezüglich Geschmack verfeinert worden. Über alle Landesteile hinweg haben sie eines gemeinsam: Die Grundnahrungsmittel sind einfach geblieben. Sie sind in der jeweiligen Region, aber auch an anderen Orten in vielen Lebensmittelgeschäften, der Saison entsprechend, erhältlich. Häufig ist die «Schweizer Küche» keine «schnelle» Küche: Bis eine echte Tessiner Minestra im Kochtopf brodelt und ihren unwiderstehlichen Duft verströmt, wurde recht viel Gemüse geputzt, klein geschnitten, angedünstet, langsam aufgekocht. Die Minestra ist keine Ausnahme, sie bestätigt die Regel. Die kostbaren Lebensmittel wurden mit viel Respekt und Sparsamkeit verwertet, häufig eine mögliche Restenverwertung von Anfang an bedacht, und Grundrezepte der Saison und dem jeweiligen Haushalt entsprechend individuell variiert. Das trifft den Kern der traditionellen «Schweizer Küche». Dass viele ursprüngliche Gerichte bis heute weiterbestehen, und zwar auf zeitgemäße, moderne Art, kommt nicht von ungefähr. Es ist zahlreichen Schweizer Spitzenköchen zu danken: Sie haben sie verfeinert, in ihr Repertoir übernommen und ihnen damit zeitlose Aktualität und Faszination verliehen. Speisen können Heimat vermitteln, aber auch kulinarische Erinnerungen aus der Tiefe der Seele holen. Also denn: En Guete, guten Appetit, bon appétit, buon appetito, bun appetit allerseits!

«Cuisine Suisse» – une expression sommaire tout au plus. Les diverses régions du pays sont trop différentes les unes des autres pour permettre une culture culinaire commune. Pourtant, c'est précisément la diversité régionale qui fait le charme et la qualité de la cuisine suisse.

Marquées par la paysannerie représentant la majorité de la population dans toutes les régions, les recettes campagnardes traditionnelles se sont transmises de siècle en siècle. Elles forment la base d'une culture culinaire dont les étonnantes facettes régionales se sont maintenues jusqu'à nos jours. D'après les ingrédients de base utilisés, on peut encore toujours deviner l'origine paysanne et l'autosuffi-sance alimentaire. Pourtant, les recettes d'antan, riches en calories, ont subi quelques modifications pour être adaptées au mode de vie actuel. Les recettes sont plus légères et affinées en saveur. Pour toutes les régions du pays, un point commun leur est resté: les ingrédients de base sont simples, peuvent être obtenus, selon la saison, dans les régions respectives, mais aussi dans les magasins alimentaires à l'étranger. Souvent, la «Cuisine Suisse» n'est pas une «cuisine rapide». Une importante quantité de légumes doit être lavée, préparée, coupée, étuvée, jus-qu'au moment où une bonne Minestrone tessinoise mijote dans une grande marmite et distille son irrésistible odeur. La Minestrone n'est pas une exception. Elle confirme plutôt la règle générale. Les précieux aliments étaient utilisés avec respect et parcimonie et une réutilisation des restes était souvent planifiée d'avance. Les recettes de base étaient adaptées aux saisons et variaient selon le pouvoir d'achat du ménage. Ceci est un trait marquant de la «cuisine suisse». Ce n'est pas un hasard si des recettes suisses traditionnelles ont subsisté et qu'elles se présentent sous forme actualisée et moderne. De nombreux maîtres cuisiniers suisses de renom ont affiné la cuisine traditionnelle en l'incorporant dans leur répertoire. Ils ont ainsi renouvelé son actualité et son attraction. De cette manière, des aliments peuvent transmettre l'esprit de la patrie, mais aussi faire revivre des souvenirs culinaires de la profondeur de l'âme suisse. Alors: bon appétit, en Guete, guten Appetit, buon appetito, bun appetit!

«Swiss Cooking» can only be regarded as a collective term because the variety between the regions is too great to enable the development of a standardised cooking culture. And today it is precisely in its variety where the charm and the quality of this national cooking style lies.

The traditional rural cooking recipes, developed by farmers who formed the initial population in all parts of the country, have been passed down over centuries. They constitute the basis of a cooking culture with all its fascinating regional differences, that has been maintained until now. Even today one can distinguish the rural origin of a self-sufficient population by the ingredients used. Although in order to meet today's lifestyle requirements, due to the former higher energy requirements, the once substantial recipes have been adapted. They have become lighter and more sophisticated in taste. Nationalwide they all have one thing in common: the basic ingredients remain simple and are available without any difficulty in the current region as well as in other good grocery stores during the appropriate season. Often «Swiss Cooking» is not «fast» cooking: it will take a lot of vegetables to clean, cut them into pieces, lightly braise and then slowly bring to the boil, until a genuine Ticino Minestra is bubbling. And the Minestra is no exception, it is more a confirmation of the rule. The precious foods were used economically and with respect, often taking into account the use of the leftovers, right from the beginning, as well as varying individually the basic recipes in accordance with the seasons and the needs of the households. It is that aspect that touches the core of traditional «Swiss Cooking». The fact that many initial dishes have been kept, and that in an up-to-date and modern way, is not without good reasons. One has to thank numerous top Swiss chefs, who have refined them, taken them into their repertoire and have given them timeless topicality and fascination. That is how meals can give a feeling of being at home as well as bring up culinary memories from the depths of the soul. So: En Guete, guten Appetit, bon appétit, buon appetito, bun appetit everyone!

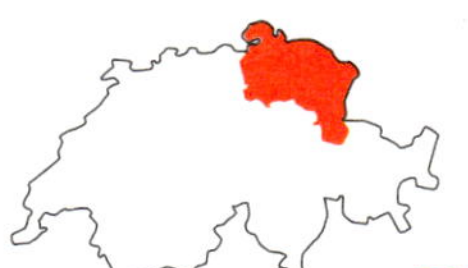

OSTSCHWEIZ

– APPENZELL | SCHAFFHAUSEN | ST. GALLEN | THURGAU | ZÜRICH –

Schaffhausen mit dem Rheinfall, Apfelbäume und sanfte Bodensee-Ufer im Thurgau, St. Gallens berühmte Klosterbibliothek und Stickerei-Vergangenheit, Zürich mit Business- und Bankenstadt, das alles ist die Ostschweiz.
So hat auch die Ostschweiz ganz verschiedene Facetten. Die Topografie von Schaffhausen und dem Thurgau ist eher sanft; ruhige Hügelzüge säumen zwar auch den Zürichsee, aber hier und über dem Mittelland hängt von Herbst bis Vorfrühling oft zäher Hochnebel, dass man über die Nebeldecke entfliehen möchte. Am Bodensee ist das Klima milder und für Obstkulturen prädestiniert. Härter ist es in den Voralpen Appenzells und im Säntisgebiet, dessen höchster Gipfel immerhin 2502 Meter hoch ist und für harte Winter steht. Die Mannigfaltigkeit äußert sich auch in den überlieferten Rezepten. Und natürlich gibt es regionale Spitzenreiter. In Appenzell etwa Hörnli mit Ghacktem (Pasta mit Hackfleisch), in Schaffhausen den Zwiebelkuchen, in St. Gallen die Bratwurst und die Fleischpastete, im Thurgau die Bodensee-Fischsuppe sowie die Öpfelchüechli (Apfelküchlein), während zu den Zürcher Paradegerichten das Zürcher Geschnetzelte mit Rösti zählt.

Cette région, c'est Schaffhouse avec les chutes du Rhin, les vergers potagers et les berges du lac de Constance en Thurgovie, la célèbre bibliothèque du cloître de Saint-Gall et son passé de la broderie. Ainsi que Zurich, la ville des affaires et des banques.
La Suisse orientale présente donc également de nombreuses facettes. La topographie de Thurgovie et de Schaffhouse est plutôt ondulée. On retrouve bien des monts ondoyants le long du lac de Zurich aussi, mais la région, comme tout le Mittelland, est caractérisée par des brouillards de l'automne jusqu'au printemps. Un brouillard si épais que l'on aimerait s'enfuir vers les sommets. Autour du lac de Constance, le climat est plus doux et la région plus propice à la culture des fruits. Il en va tout autrement pour la région montagneuse d'Appenzell et du Säntis, culminant à 2502 mètres. Elles sont connues pour de rudes hivers. Cette diversité se reflète aussi dans les recettes. En Appenzell, ce sont les macaronis au hachis de viande, à Schaffhouse les tartes aux oignons, à Saint-Gall les «Bratwürste» (une longue saucisse à griller) et les pâtés, en Thurgovie la soupe aux poissons, ainsi que les beignets au pommes. Alors que Zurich est connu pour le «Zürigschnätzlets mit Röschti», de l'émincé de veau avec un rœsti.

Schaffhausen with the Rheinfall, apple tree cultures and the soft Bodensee (Lake of Constance), banks in Thurgau, St. Gallen's famous monastery library and its embroidery past and Zurich the business and banking city – all that is Eastern Switzerland.
This is why Eastern Switzerland also has many different facets. The topography of Schaffhausen and Thurgau is more on the soft side: although smooth hills also line the lake of Zurich, high fog that lingers over the area, and over the Mittelland from autumn until early spring, makes you want to escape high above the fog cover. At the Bodensee the climate is milder and predestined for fruit cultivation, it is harder again in the prealps of Appenzell and the Säntis area which stand for hard winters and where the highest peaks reach a height of at least 2502 meters. This diversity manifests itself in the recipes handed down and of course here again one finds regional hits. In Appenzell «Hörnli mit Gehacktem» (hornshaped pasta with minced meat), in Schaffhausen incontestably the Zwiebelkuchen (onion cake), in St. Gallen the St. Galler Bratwurst as well as the Fleischpastete (meat pie), in Thurgau the Fischsuppe (fish soup) and the Öpfelchüechli (apple cakes), whereas in Zurich the «Zürigschnätzlets» (stripes of veal) with Rösti belong to the classics.

1 Appenzell | 2 St. Gallen, Klosterviertel | 3 Schifffahrt auf dem Bodensee | 4 Türlersee (ZH) | 5 Schaffhausen

BODENSEE-FISCHSUPPE

– SOUPE AUX POISSONS | FISH SOUP FROM THE BODENSEE –

800 g Süßwasser-Fischfilets, z. B. Felchen, Zander, Forelle | 2 EL Olivenöl extra vergine | 1 mittelgroße Zwiebel, gewürfelt | 1 Knoblauchzehe, gewürfelt | 1 Lauch, in breiten Streifen | 2 Karotten, grob gewürfelt | 1 Fenchel, in Scheiben | 1 kleine Dose Pelati, gehackt | 1,5 l Gemüsebrühe | je 1 Prise Kreuzkümmel, Paprika, Kardamom | 1 Lorbeerblatt | 2 Nelken | 6 zerdrückte schwarze Pfefferkörner | 1 Bund Petersilie, gehackt | Kräutersalz | Pfeffer

1. Die Fischfilets in breite Streifen oder Würfel schneiden.
2. Zwiebeln und Knoblauch im Öl andünsten, Gemüse – ohne Pelati – einige Minuten mitdünsten. Pelati mit Saft, Gemüsebrühe, Gewürze, Lorbeerblatt, Nelken, Pfeffer und Petersilie zufügen, erhitzen, rund 30 Minuten bei schwacher Hitze köcheln lassen. Fischstücke zufügen, kurz köcheln lassen, Lorbeerblatt und Nelken entfernen. Die Fischsuppe würzen.

800 g de filets de poissons d'eau douce, p. ex. féra, sandre, truite | 2 cs d'huile d'olive vierge extra | 1 oignon moyen, haché fin | 1 gousse d'ail, hachée fin | 1 poireau en larges rondelles | 2 carottes en cubes grossiers | 1 fenouil en tranches | 1 petite boîte de tomates pelées, coupées en dés | 1,5 l bouillon de légumes | cumin français, paprika, cardamome, 1 pc de chaque | 1 feuille de laurier | 2 clous de girofle | 6 grains de poivre noir | 1 bouquet de persil haché | sel aromatisé | poivre

1. Débiter les filets de poisson en larges bandes ou en morceaux.
2. Faire revenir oignon et ail dans l'huile d'olive. Ajouter les légumes sans les tomates et faire revenir encore durant quelques minutes. Ajouter tous les autres ingrédients, sauf le poisson. Laisser mijoter durant 30 minutes. Ajouter le poisson et laisser mijoter un peu. Retirer la feuille de laurier et les clous de girofle. Assaisonner.

800 g fresh water fish fillets, e.g. Whitefish, Pike-perch, Trout | 2 tbsp extra virgin olive oil | 1 medium size onion, chopped | 1 clove of garlic, finely chopped | 1 leek, thickly sliced | 2 carrots, coarsely chopped | 1 fennel, sliced | 1 can (425 g) of chopped tomatoes | 1,5 l vegetable stock | 1 pinch of cumin, paprika, cardamon | 1 bay leaf | 2 cloves | 6 crushed black peppercorns | 1 bunch of parsley, chopped | herbal salt | pepper

1. Cut fish fillets into wide stripes or cubes.
2. Lightly braise onions and garlic in olive oil, add vegetables, without tomatoes, braise for few minutes. Add tomatoes with juice, vegetable stock, bay leaf, cloves, pepper and parsley, heat up, simmer on low heat for 30 minutes. Add fish pieces, simmer for a short time, remove bay leaf and cloves. Season and serve.

APPENZELLER KÄSEKÜCHLEIN

– QUENELLES AU FROMAGE | CHEESE CAKES FROM APPENZELL –

150 g geriebener Appenzeller Käse | 200 ml Milch | 250 g Weißmehl | 1 TL Backpulver | 200 ml helles Bier | 4 Eier, Eigelb und Eiweiß getrennt | wenig Salz | Öl zum Frittieren

1 Milch erhitzen, Käse zufügen und unter Rühren schmelzen, erkalten lassen. Mehl und Backpulver mischen, unter die Käsemasse rühren, Bier ebenfalls unterrühren. Eigelbe, eines nach dem anderen, unter den Teig arbeiten. Eiweiß und Salz zu Schnee schlagen, sorgfältig unterziehen.

2 Frittieröl auf 180 °C erhitzen. Käsemasse in einen Spritzbeutel füllen, davon nussgroße Portionen in das heiße Frittieröl drücken, die Küchlein goldgelb backen, gut abtropfen lassen, heiß servieren. Wichtig: Küchlein keinesfalls dunkel frittieren, sonst schmecken sie bitter.

Tipp Mit weißem Kabissalat servieren.

150 g de fromage d'Appenzell râpé | 2 dl de lait | 250 g de farine blanche | 1 cc de poudre à lever/levure chimique | 2 dl de bière blonde | 4 œufs, jaunes et blancs séparés | 1 pc de sel | huile pour frire

1 Faire chauffer le lait, ajouter le fromage d'Appenzell et le faire fondre en remuant constamment. Laisser refroidir. Mélanger la farine et la levure chimique et l'ajouter à la masse de fromage, ainsi que la bière. Incorporer un à un les jaunes d'œufs à la masse. Battre les blancs en neige avec un peu de sel et les incorporer à la masse.

2 Faire chauffer l'huile à frire à environ 180 °C. Transvaser la masse dans un sac à douille. Presser des portions directement dans l'huile chaude et les frire, bien dorées. Alors déposer les croquettes sur du papier de ménage et les servir chaudes. Ne pas les cuire trop longtemps, pour éviter qu'elles deviennent amères.

Conseil Servir avec une salade de choux.

150 g grated Appenzeller cheese | 200 ml milk | 250 g white flour | 1 tsp baking powder | 200 ml light beer | 4 eggs, separated | 2 pinch of salt | oil to fry

1 Heat milk and add cheese, melt stirring constantly, cool down. Mix white flour and baking powder, stir into cheese mixture, add beer. Mix one egg yolk after the other into the mixture. Beat egg white with salt until stiff, fold into mixture.

2 Heat oil to 180 °C. Fill cheese mixture into piping bag and press nut-sized portions into hot oil, fry until golden brown, drain off well, serve whilst hot. Do not allow cakes to become dark, otherwise they will taste bitter.

Tip Serve with coleslaw.

ZÜRCHER GESCHNETZELTES

– EMINCÉ DE VEAU, SAUCE AU VIN BLANC ET CHAMPIGNONS | VEAL STRIPS FROM ZURICH –

2 EL Bratbutter | 500 g Kalbfleisch zum Schnellbraten | Salz | Pfeffer | wenig Mehl | 1 kleine Zwiebel, fein gewürfelt | 200 g Champignons, in Scheiben | 1 TL Zitronensaft | 100 ml Weißwein | 100 ml Gemüsebrühe | 200 ml Rahm/Sahne | 1 EL Maisstärke | 1 Bund Petersilie, fein gehackt

1 Kalbfleisch von Hand in nicht zu feine Streifen schneiden, in der Butter kräftig anbraten, würzen, mit wenig Mehl bestäuben und untermischen, warm stellen. Überschüssige Butter abgießen.

2. Für die Rahmsauce Zwiebeln und Champignons in der Fleischpfanne andünsten, Zitronensaft und Weißwein zufügen, auf etwa die Hälfte einköcheln lassen. Fleischbrühe mit Rahm und Maisstärke glatt rühren, zu den Champignons geben, kurz köcheln lassen. Fleisch zufügen, mit Salz und Pfeffer würzen. Petersilie darüberstreuen.

Rösti Rezept Seite 68

2 cs de beurre pour rôtir | 500 g de viande de veau, p. ex. cuisseau | sel | poivre | un peu de farine | 1 petit oignon, en cubes | 200 g de champignons coupés en tranches | 1 cc de jus de citron | 1 dl de vin blanc | 1 dl de bouillon de légumes | 2 dl de crème | 1 cs d'amidon de maïs | 1 bouquet de persil haché fin

1 Emincer la viande et la saisir à feu vif dans le beurre pour rôtir. Saler, poivrer et saupoudrer d'un peu de farine. Remuer et garder au chaud.

2 Pour la sauce, faire revenir les oignons et les champignons dans la poêle, ajouter le jus de citron et le vin et faire réduire de moitié à petit feu. Bien remuer ensemble le bouillon, la crème et l'amidon de maïs, l'ajouter aux champignons et faire mijoter environ 3 minutes. Ajouter la viande, rectifier l'assaisonnement, parsemer de persil.

Rœsti Recette page 68

2 tbsp frying butter | 500 g veal, quick-fry | salt | pepper | little flour | 1 small onion, finely chopped | 200 g mushrooms, sliced | 1 tsp lemon juice | 100 ml white wine | 100 ml vegetable stock | 200 ml cream | 1 tbsp starch (cornflour) | 1 bunch parsley, finely chopped

1 Cut meat into not to fine strips, fry well in butter, season, sprinkle with flour, mix and set aside keeping warm. Drain off excess butter.

2 For the sauce, braise lightly onions and mushrooms in the meat pan, add lemon juice and white wine, simmer until half thickened. Mix vegetable stock, cream and starch to a smooth paste, add to mushrooms, simmer shortly. Add meat, season with salt and pepper. Sprinkle with parsley.

Rösti Recipe page 68

SCHAFFHAUSER ZWIEBELKUCHEN

– TARTE AUX OIGNONS | ONION CAKE FROM SCHAFFHAUSEN –

für eine Backform von 28 cm Ø 400 g Kuchenteig oder geriebener Teig | 2 TL Olivenöl extra vergine | 300 g Zwiebeln | 2 Eier | 150 g Crème fraîche | 100 g Sauerrahm/saure Sahne | Salz | Pfeffer | Muskatnuss

1 Teig rund ausrollen und in die eingefettete Form legen.
2 Zwiebeln schälen, längs halbieren und in feine Scheiben schneiden, im Olivenöl glasig dünsten.
3 Eier, Crème fraîche und Sauerrahm verrühren, Zwiebeln zufügen, würzen. Auf den Teigboden verteilen.
4 Zwiebelkuchen auf der untersten Schiene in den vorgeheizten Backofen schieben, bei 200 °C 30 bis 40 Minuten backen.

pour une plaque de 28 cm Ø 400 g de pâte brisée ou de pâte à tarte | 2 cc d'huile d'olive vierge extra | 300 g d'oignons | 2 œufs | 150 g de crème fraîche | 100 g de crème acidulée | sel | poivre | noix de muscade

1 Baisser la pâte et la déposer sur la plaque graissée.
2 Couper les oignons en deux, puis en fines tranches. Les faire revenir dans l'huile d'olive en remuant constamment.
3 Mélanger les œufs, la crème fraîche et la crème acidulée. Ajouter les oignons et bien assaisonner. Répartir la masse sur le fond de la tarte.
4 Faire cuire 30 à 40 minutes au four préchauffé à 200 °C, sur la rainure du fond.

for a cake tin of 28 cm Ø 400 g cake pastry or short crust pastry | 2 tsp extra virgin olive oil | 300 g onions | 2 eggs | 150 g Crème fraîche | 100 g sour cream | salt | pepper | nutmeg

1 Roll out pastry and place in greased pie dish.
2 Peel onion, cut in half and slice, braise lightly in olive oil.
3 Mix eggs, Crème fraîche, and sour cream, add onions, season. Spread out on pastry.
4 Back the onion cake in lower part of preheated oven, at 200 °C for 30 to 40 minutes.

THURGAUER APFELKÜCHLEIN

– BEIGNETS AUX POMMES | APPLE CAKES FROM THURGAU –

4 große säuerliche Äpfel, z. B. Boskop | **Ausbackteig:** 150 g Weißmehl | 1 Prise Salz | 2 EL Zucker | 250 ml helles Bier oder Apfelsaft oder Milch | 2 Eier | abgeriebene Zitronenschale | 1 EL flüssige Butter | Öl zum Ausbacken | Zimtzucker

1 Alle Zutaten für den Teig glatt rühren, 30 Minuten quellen lassen.
2 Kerngehäuse der Äpfel ausstechen, die Früchte in etwa 1 cm dicke Scheiben schneiden.
3 Öl in einer Fritteuse oder in einem Brattopf erhitzen. Apfelringe in den Ausbackteig tauchen, im Öl schwimmend backen. Vor dem Servieren mit Zimtzucker bestreuen.
Variante Etwa 6 Kirschen mit Stiel zusammen in den Teig tauchen und ausbacken. Auch Holunderblütendolden eignen sich zum Ausbacken.

4 grandes pommes acidulées p. ex boskoop | **Pâte à la bière**: 150 g de farine blanche | 1 pc de sel | 2 cs de sucre | 2,5 dl de bière blonde ou de jus de pommes ou de lait | 2 œufs | zeste de citron râpé | 1 cs de beurre liquide | huile pour frire | sucre à la cannelle

1 Mélanger les ingrédients pour la pâte jusqu'à obtention d'une masse homogène. Laisser reposer 30 minutes.
2 Evider les pommes et les débiter en rondelles de environ 1 cm d'épaisseur.
3 Faire chauffer l'huile dans la friteuse ou dans une grande poêle. Tremper les ronds de pommes dans la pâte et les faire frire dans l'huile. Saupoudrer de sucre à la cannelle avant de les servir.
Variante Tremper 6 cerises ensemble dans la pâte, avec le pédoncule, et les faire frire. On peut aussi y tremper des ombelles de fleurs de sureau.

4 large acidy apples, e.g. Boskoop | **Batter coating**: 150 g white flour | 1 pinch of salt | 2 tbsp sugar | 250 ml light beer or apple juice or milk | 2 eggs | lemon peel | 1 tbsp melted butter | Oil for deep-frying | Cinnamon sugar

1 Mix in all ingredients for batter until smooth, leave to rise for 30 minutes.
2 Cut out apple cores, cut apples into 1 cm thick slices.
3 Heat oil in deep-fryer or frying pan. Dip apple slices in batter, then fry in swimming oil. Sprinkle with cinnamon sugar before serving.
Variation Dip about 6 cherries with stalk in batter and fry. Elderberrie umbels are suitable for deep-frying.

GRAUBÜNDEN

– LES GRISONS | THE GRISONS –

Im «Land der 150 Täler» wird das Essen durch die Verschiedenheit der Regionen geprägt. Prominenteste Vertreterin ist das berühmte Hochtal Engadin mit den firnbedeckten Gipfeln mit dem ewigen Schnee und den kristallklaren Seen.

Zwischen Wiesen und sonnigen Rebbergen des Bündner Rheintals, den schmalen Tälern im Herzen des Kantons und dem weiten Engadin-Hochtal liegen Welten – allein schon aus topografischer Sicht. Geprägt durch die bäuerliche Selbstversorgung, gibt es viele Gemeinsamkeiten. Im Oberhalbstein beispielsweise werden die höchst gelegenen Getreide- und Kartoffeläcker der Schweiz bestellt – die Produkte kommen unter dem Namen Gran Alpin auf den Markt – eine Selbsthilfe der Bündner Bergbauern. Die feine Bündner Gerstensuppe gehört im Winter überall auf die Speisekarte, und die Engadiner Nusstorte ist während des ganzen Jahres aktuell. Maluns, eine Kartoffelspeise, gehört ebenso wie die Capuns oder die Pizokel zum kulinarischen Repertoire. Forellen aus dem Bergbach kommen fangfrisch auf die Teller. Im Herbst verspricht die Jagd Genüsse besonderer Güte.

Le profil culinaire du «canton aux 150 vallées» est caractérisé par la diversité des régions dont l'Engadine. Qui, avec ses cimes recouvertes de neige toute l'année et ses lacs de montagne à l'eau cristalline, est certainement la plus connue.

Les vertes prairies et les coteaux de vignes de la vallée du Rhin, les étroits vallons au cœur du canton et la vaste vallée haute de l'Engadine sont des mondes très différents, du point de vue topographique également. Marqués par l'autosuffisance agraire, on constate tout de même de nombreuses similitudes. Dans la région de l'Oberhalbstein, on pratique la culture des pommes de terre et des céréales les plus élevées de Suisse. Les agriculteurs de montagne les commercialisent eux-mêmes sous le label «Gran Alpin». En hiver, le potage à l'orge des Grisons fait partie des menus des bonnes tables. Le gâteau aux noix d'Engadine trouve des amateurs toute l'année. Les «Maluns», les rouleaux de bettes ou les «Pizzoccheri» font également partie du répertoire. Des truites de montagne de goût très fin et pêchées dans de clairs ruisseaux, font partie de l'offre régionale. Tout comme les produits de la chasse de haute montagne qui nous offre des plaisirs culinaires superbes.

The culinary profile of the «Land of the 150 valleys» is very much marked by the differences in its regions. The most prominent is the famous Hochtal Engadin with its névé covered peaks, perpetual snow and crystal clear lakes.

The green meadows and the sunny vineyards of the Grisons Rhine valley, the narrow valleys in the heart of the canton and the wide Hochtal Engadin, lie «worlds apart» from a topographical point of view. However, under the influence of rural self-sufficiency, many common aspects can be found. In the Oberhalbstein lie the highest corn and potato fields in Switzerland, these products are sold on the market under the name Gran Alpin as self-help for the mountain farmers. The Bündner Gerstensuppe (Grisons Barley Soup) is a must on all winter menus and the Engadiner Nusstorte (Engadiner Nut Pie) is topical all year around. Maluns, a potato dish, belongs as well as Capuns or Pizokel to the culinary repertoire. The rainbow coloured trouts that populate the mountain streams are served exquisitely tasteful. Autumn is the season for venison, when hunting enables to combine culinary delights of exceptional quality with careful game protection.

1 Arosa | 2 Piz Gendusas bei Disentis | 3 Guarda im Unterengadin | 4 Soglio im Bergell | 5 Schijenfluh im Prättigau | 6 Davos

BÜNDNER GERSTENSUPPE

– POTAGE À L'ORGE | BARLEY SOUP FROM GRISONS –

Mahlzeit 60g weiße Bohnen | 80g Rollgerste | 100g geräuchertes Rippli (Schweinefleisch), ohne Knochen | 50g Bündnerfleisch, klein gewürfelt | 1 Lorbeerblatt | 1 Thymianzweiglein | 300g Gemüsewürfelchen (Karotte, Knollensellerie, Lauch, Zwiebel) | 150g mehlig kochende Kartoffeln | Salz | Pfeffer | gehackte frische Kräuter

1 Weiße Bohnen 12 bis 18 Stunden in kaltem Wasser einweichen.
2 Bohnen mit 1½ Liter Wasser aufkochen, Schaum häufig abschöpfen. Rollgerste, Rippli, Bündnerfleisch, Lorbeerblatt und Thymianzweiglein beigeben, Suppe bei schwacher Hitze zugedeckt 60 bis 90 Minuten köcheln lassen. Gemüse und Kartoffeln zufügen, nochmals 20 Minuten köcheln lassen. Lorbeerblatt und Thymianzweiglein entfernen. Gerstensuppe mit Salz und Pfeffer würzen. Kräuter darüberstreuen.

Plat principal 60 g de haricots blancs | 80 g d'orge perlé | 100 g de porc fumé (côte), sans os | 50 g de viande séchée, en petits cubes | 1 feuille de laurier | 1 branche de thym | 300g de légumes en brunoise (carotte, céleri, poireaux, oignon) | 150 g de pommes de terre à chair farineuse | sel | poivre noir | fines herbes fraîches, hachées

1 Tremper les haricots blancs pour 12 à 18 heures dans de l'eau froide.
2 Faire cuire les haricots blancs dans 1,5 l d'eau fraîche. Ecumer de temps en temps. Ajouter l'orge perlé, le porc, la viande séchée, le laurier et le thym. Faire mijoter 60 à 90 minutes. Ajouter les légumes et les pommes de terre et faire mijoter 20 minutes. Retirer le laurier et le thym, saler et poivrer. Saupoudrer de fines herbes avant de servir.

Main meal 60 g white beans | 80 g barley | 100 g smoked pork ribs, without bones | 50 g Bündnerfleisch (dried meat from Graubünden), small cubes | 1 bay leaf | 1 twig of thyme | 300 g vegetable cubes (carrot, celery, leek, onion) | 150 g soft cooking potatoes | salt | pepper | fresh chopped herbs

1 Soak white beans for 12 to 18 hours in cold water.
2 Bring beans to the boil in 1,5 l fresh water, occasionally skim off foam. Add barley, smoked meat, Bündnerfleisch, bay leaf and thyme, simmer on low heat for 60 to 90 minutes. Add vegetable and potatoes, simmer for 20 minutes. Remove bay leaf and thyme. Season soup with salt as well as pepper. Sprinkle with herbs.

CAPUNS

1 Mangoldblätter in reichlich kochendem Wasser überwallen, abgießen, unter kaltem Wasser abschrecken.
2 Mehl, Eier, Milch und Salz klopfen, bis der Teig Blasen wirft, mit Salz würzen. Etwa 30 Minuten stehen lassen.
3 Zwiebeln, Speck und Brot in der Butter andünsten, mit 3 EL Kräutern und Korinthen unter den Teig rühren.
4 Auf jedes Mangoldblatt 1 EL der Füllung geben, Schmalseiten darüberlegen, von der anderen Seite her einrollen, mit Faden binden.
5 In einem großen Topf reichlich Salzwasser erhitzen. Capuns zufügen, bei schwacher Hitze 20 Minuten garziehen lassen. Mit einem Schaumlöffel herausnehmen, in eine vorgewärmte Schüssel legen, mit Sbrinz und restlichen Kräutern bestreuen. Butter leicht bräunen und darüberträufeln.

1 Blanchir les feuilles de bettes dans une grande quantité d'eau bouillante, jeter l'eau et passer les légumes sous l'eau froide.
2 Battre à la cuiller en bois la farine, les œufs, le lait et le sel, jusqu'à ce que la pâte forme des bulles. Laisser reposer environ 30 minutes.
3 Faire revenir les oignons, les lardons et le pain blanc dans le beurre. Ajouter à la pâte en même temps que les raisins et 3 cs de fines herbes.
4 Déposer 1 cs de farce sur chaque feuille, replier les côtés sur la farce, enrouler.
5 Porter une grande quantité d'eau salée à ébullition, y ajouter les capuns et faire mijoter durant 20 minutes. Les retirer à l'aide d'une écumoire et les déposer dans un plat chauffé. Parsemer de sbrinz et du reste des fines herbes. Faire fondre le beurre et en napper les rouleaux.

1 Cook Silverbeet leaves in plenty of boiling water, strain and rinse with cold water.
2 Beat flour, eggs, milk and salt until dough bubbles, season with salt. Leave to stand for 30 minutes.
3 Lightly braise onions, bacon and bread in butter, stir into dough mixture and 3 tbsp of herbs and currants.
4 Put 1 tbsp of filling on each leaf, put narrow side on top, roll in from other side.
5 Bring to the boil plenty of salted water in large pan, add Capuns, poach for 20 minutes on low heat. Remove with skimming ladle, lie in preheated dish, sprinkle with Sbrinz and remaining herbs. Trickle with browned butter.

40 Schnittmangoldblätter | 300g Weißmehl | 3 Eier | 150ml Milch | 1TL Salz | 40g Butter | 1 kleine Zwiebel, fein gewürfelt | 150g Speckwürfelchen | 100g Weißbrotwürfelchen | 5EL gehackte Kräuter | 50g Korinthen | 100g geriebener Sbrinz | 50g Butter

40 feuilles de bettes | 300g de farine blanche | 3 œufs | 1,5dl de lait | 1cc de sel | 40g de beurre | 1 petit oignon en cubes | 150g de lardons | 100g de dés de pain blanc | 5cs de fines herbes hachées | 50g de raisins de Corinthe | 100g de sbrinz râpé | 50g de beurre

40 Silverbeet leaves | 300g white flour | 3 eggs | 150 ml milk | 1tsp salt | 40g butter | 1 small onion, finely cubed | 150g bacon, cubed | 100g white bread, cubed | 5tbsp chopped mixed herbs | 50g currants | 100g Sbrinz, grated | 50g butter

MALUNS

1 kg gekochte Schalenkartoffeln vom Vortag | 300 g Spätzlimehl | Salz | schwarzer Pfeffer | 100 g Bratbutter | 50 g Butter

1 Kartoffeln schälen und auf der Röstiraffel reiben. Spätzlimehl beifügen, zwischen den Handflächen möglichst krümelig reiben, würzen.

2 Bratbutter am besten in einer Gusseisenpfanne erhitzen, Kartoffelmasse darin unter ständigem Rühren bei starker Hitze rösten. Geduld ist gefragt! Zum Schluss sollte die Masse aus kleinen goldgelben Klümpchen bestehen. Butter unterrühren.

Wichtig Von der Pfanne auf den Tisch, lautet bei Maluns die Devise. Mit Apfelschnitzchen und Alpkäse servieren.

1 kg de pommes de terre en robe des champs cuites la veille | 300 g de farine fleur | sel | poivre noir | 100 g de beurre pour rôtir | 50 g de beurre

1 Peler les pommes de terre et les râper grossièrement. Ajouter la farine bise et frotter la masse entre les mains pour former le crumble. Saupoudrer de sel et de poivre.

2 Faire chauffer le beurre de rôti dans une poêle en fonte et y faire griller la masse de pommes de terre en brassant constamment. Patience et encore une fois patience! A la fin, la masse se composera de petites portions granuleuses jaune doré. Ajouter le beurre et remuer rapidement.

Important De la poêle à la table, telle est la devise pour le Maluns. Servir avec du fromage d'alpage et de la compote de pommes.

1 kg cooked, unpeeled potatoes cooked the day before | 300 g white flour (Spätzlimehl) | salt | black pepper | 100 g cooking butter | 50 g butter

1 Peel and grate potatoes. Add flour, and rub in with hands until mixture crumbles, season with salt and pepper.

2 Heat cooking butter in cast iron pan, brown potato mixture on high heat stirring continuously. Be patient! When ready, mixture should resemble little golden lumps. Stir in butter.

Important Serve from pan straight onto plates, together with cooked apple slices and alpine cheese.

ENGADINER NUSSTORTE

– TOURTE AUX NOIX DE L'ENGADINE | NUT PIE FROM ENGADIN –

1 Für den Teig Butter, Ei, Eigelb, Zucker und Zitronenschale glatt rühren, Mehl dazusieben, zu einem glatten Teig zusammenfügen, nicht kneten. Teig zugedeckt 30 bis 60 Minuten kühl stellen.
2 Rahm erwärmen, Honig zufügen. Zucker in der Gusseisenpfanne hellbraun karamellisieren, mit dem Honigrahm ablöschen, Baumnüsse zufügen.
3 Boden der Springform mit Backpapier belegen, Rand mit Butter einfetten. Backofen auf 200 °C vorheizen.
4 Butterteig in 3 gleich große Portionen teilen, einen Teil auf dem Springformboden ausrollen. Ring aufsetzen. Aus der zweiten Portion für den Rand eine Rolle formen, in die Form legen und gut andrücken, Rand etwas hochziehen. Temperierte Füllung in die Form füllen. Restlichen Teig für den Deckel rund ausrollen, mit einer Gabel einige Male einstechen. Rand mit dem wenig verdünnten Eigelb bepinseln. Deckel darauflegen und andrücken, mit Eigelb bepinseln.
5 Nusstorte auf mittlerer Schiene in den Ofen schieben, bei 200 °C 30 Minuten backen.

1 Pour la pâte, remuer le sucre, l'œuf, le jaune et le zeste pour obtenir une masse homogène. Ajouter la farine en une fois et assembler la masse sans pétrir. Couvrir et laisser poser au frais, 30 à 60 minutes.
2 Pour la farce, faire chauffer la crème et ajouter le miel. Dans une poêle, faire caraméliser le sucre, brun clair; ajouter la crème, puis les noix.
3 Recouvrir le fond du moule de papier sulfurisé et bien graisser le bord. Préchauffer le four à 200 °C.
4 Répartir la pâte en 3 parts égales. Abaisser un tiers pour le fond. Monter le bord du moule. Pour le deuxième tiers de pâte, former un rouleau, le déposer le long du bord et l'appliquer contre le haut du bord en pressant avec les doigts. Verser la farce tiède sur le fond. Abaisser le reste de la pâte pour le couvercle et le piquer à la fourchette. Badigeonner le bord d'un peu de jaune d'œuf et y déposer le couvercle. Le presser un peu et le badigeonner avec du jaune d'oeuf.
5 Faire cuire la tourte au milieu du four, 30 minutes à 200 °C.

1 For the pastry, mix butter, sugar, egg, egg yolk and lemon peel until smooth. Sift in flour, bring together, do not knead. Leave covered in cool place for 30 to 60 minutes.
2 For the filling, first heat cream, add honey. Caramelise sugar in cast iron pan until light brown, pour in cream and add walnuts.
3 Line base of spring form tin with baking paper, grease sides with butter. Preheat oven at 200 °C.
4 Divide butter pastry into 3 even portions, spread one out on base of spring form tin. Put ring on top. With second pastry portion form roll, place in tin and press on well, pull edges up a little. Fill tin with well tempered filling. Roll out remaining pastry for round lid, prick a few times with fork. Brush edges with diluted egg yolk, place lid on top and press down, also brush with egg yolk.
5 Put Pie in middle of oven at 200 °C for 30 minutes.

für eine Springform von 26 cm Ø | **Butterteig:** 150 g weiche Butter | 150 g Zucker | 1 Ei, ½ Eigelb | 1 unbehandelte Zitrone, abgeriebene Schale | 350 g Weißmehl | 1 Eigelb mit wenig Wasser | **Füllung:** 250 ml Rahm/Sahne | 50 g Bienenhonig | 250 g Zucker | 250 g Baum-/Walnüsse, grob gehackt

pour un moule à charnière de 26 cm Ø | **Pâte au beurre:** 150 g de beurre ramolli | 150 g de sucre | 1 œuf et ½ jaune d'œuf | 1 citron non traité, zeste râpé | 350 g de farine blanche | 1 jaune d'œuf avec un peu d'eau | **Farce:** 2½ dl de crème entière | 50 g de miel | 250 g de sucre | 250 g de cerneaux de noix, hachés grossièrement

for a spring form tin of 26 cm Ø | **Butter pastry:** 150 g soft butter | 150 g sugar | 1 egg, ½ egg yolk | 1 lemon, grated peel | 350 g white flour | 1 egg yolk with little water | **Filling:** 250 ml cream | 50 g honey | 250 g sugar | 250 g walnuts, coarsely chopped

ZENTRALSCHWEIZ

– GLARUS | LUZERN | OBWALDEN | NIDWALDEN | SCHWYZ | URI | ZUG –

Wir sind im Herzen der Schweiz, wo 1291 von den drei Bünden Uri, Schwyz und Unterwalden ein Bund geschlossen wurde, welcher durch den Beitritt weiterer Schicksalsgefährten die heutige Schweiz begründete.

Zur Zentralschweiz gehören auch die Kantone Glarus, Zug und Luzern, welche alle im Alpenraum gelegen und mit Ausnahme von Luzern ohne große Städte, dafür mit imposanten Gebirgskulissen und engen, teils sehr abgeschiedenen Tälern und einer vornehmlich ländlichen Bevölkerung. Hier haben zahlreiche traditionelle Schweizer Rezepte ihre Wurzeln. Den Spinatknöpfli mit Schabzigerkäse gibt der würzige Geschmack des mit speziellen Kräutern hergestellten Glarner Schabzigers die unverwechselbare Note. Oder Schwynigs mit Cheschtene, ein Gericht, in dem gekochte Marroni und Schweinefleisch eine spezielle geschmackliche Liaison eingehen. Die Urner Äplermagronen sind als typisches Alltagsgericht im Kanton Uri heimisch und machen selbst in der gehobenen Gastronomie Furore. In den klaren Gebirgsseen lebt ein gesunder Fischbestand – daraus resultieren viele feine Fischspezialiäten, etwa gedünstete Albeli. Nicht vergessen darf man die Zuger Kirschtorte, die den Duft und das Aroma der zu Kirschwasser gebrannten Kirschen in die ganze Welt hinausträgt.

Nous nous trouvons au cœur de la Suisse où, en 1291, les trois régions d'Uri, Schwyz et Unterwalden se sont unies. En accueillant de plus en plus de cantons voisins au fil des années, s'est formée la Suisse de nos jours.

Les cantons de Glaris, de Zoug et de Lucerne font également partie de la région de Suisse centrale. Tous situés dans les Alpes, ils n'abritent pas de grande cité, excepté Lucerne. En revanche, ils ont en commun une impressionnante coulisse de cimes, des vallées étroites, parfois peu accessibles et habitées par une population rurale. De nombreuses recettes suisses puisent leurs racines dans cette région. Par exemple les «spaetzles aux épinards avec Schabziger», qui sont marqués par la spécialité glaronnaise, le «Schabziger», un fromage aux herbes séché à l'air. Ou le «Schwynigs mit Cheschtene», des côtelettes de porc fumées avec châtaignes qui réunit harmonieusement leurs parfums. Les «Älplermagrone» uranaise sont un plat simple, typique et font fureur dans bon nombre de restaurants de montagne. Avec les poissons des lacs alpestres, on prépare par exemple «les Albelis au beurre». N'oublions pas comme la spécialité la «Zuger Kirschtorte», une tourte régionale, avec l'adjonction de distillée de cerises, et reconnue dans le monde entier.

We are in the heart of Switzerland, where in 1291 the three associations Uri, Schwyz and Unterwalden formed an alliance, that lead with the joining up of other companions of misfortune to the foundation of Switzerland as we know it today.

Today the cantons of Glarus, Zug and Lucern also belong to Central Switzerland – all are located in the alpine area, without any major town with the exception of Lucern, but offering in return high-located mountain scenery, narrow and partly isolated valleys as well as a primarily rural population. It is here that numerous very traditional Swiss recipes have their roots. For example the Spinatknöpfli mit Schabziger (spinach gnocchies with Schabziger cheese) that get their well-seasoned taste from the Glarner Schabziger cheese that is produced with special herbs and gives it its distinctive character. Or «Schwynigs with Chestene» in which cooked chestnuts create along with pork an exceptional flavour. The Älplermagronen are a typical local everyday meal in the canton Uri. The healthy fish population lives in the clear mountain lakes which results in many fish speciality of the Inner Switzerland. Not to forget the Zuger Kirschtorte as a culinary souvenir, which carries into the world the fragrance of distilled cherry water (Kirsch).

1 Hochmoor Rothenthurm (SZ) | 2 Rütliwiese (UR) | 3 Sarnen (OW) | 4 Vierwaldstättersee | 5 Glarus

GEDÜNSTETE ALBELI

– FÉRA AU BEURRE | BRAISED WHITE FISH –

800 g Albelifilets | reichlich Butter | 1 Bund Petersilie | 1 Bund Schnittlauch | Salz | Pfeffer

1 Albeli mit Küchenpapier trocken tupfen. Petersilie von den Stielen zupfen und grob hacken. Schnittlauch in feine Röllchen schneiden.
2 Albelifilets mit Salz und Pfeffer würzen, sanft in das Fleisch einreiben.
3 Fischfilets am besten in zwei großen, nicht klebenden Bratpfannen zubereiten. Dafür großzügig Butter schmelzen, bevor sie zu schäumen beginnt, die Filets mit der Hautseite oben in die Bratpfanne legen und bei mittlerer Hitze auf beiden Seiten je 3 Minuten dünsten. Auf vorgewärmten Tellern anrichten.
4 Petersilie und Schnittlauch in der Fischpfanne andünsten, über die Fischfilets verteilen. Sofort servieren.
Tipp Mit Dampfkartoffeln servieren.

800 g de filets de féra | 1 gros morceau de beurre | 1 bouquet de persil | 1 botte de ciboulette | sel | poivre noir

1 Sécher les filets de féra avec du papier de ménage. Hacher grossièrement les feuilles du persil et ciseler finement la ciboulette.
2 Bien enduire les filets de féra de sel et de poivre.
3 Préparer les filets dans deux grandes poêles ne collant pas. Faire chauffer du beurre en abondance. Avant que le beurre mousse, y déposer les filets, la peau vers le haut. Les faire rôtir à feu moyen, environ 3 minutes de chaque côté. Disposer les filets sur des assiettes chaudes.
4 Faire revenir les fines herbes dans le beurre et en napper les filets de féra. Servir immédiatement.
Conseil Servir avec des pommes vapeur.

800 g white fish fillets | plenty of butter | 1 bunch of parsley | 1 bunch of chives | salt | pepper

1 Dab off fish with kitchen roll. Pull off parsley from stalk, chop finely. Finely cut chive.
2 Season fish fillets with salt and pepper, gently rubbing into flesh.
3 Preferably prepare fish fillets in two large non-stick frying pans. Melt butter, before frothing up lie fillets into frying pan with skin side up and braise on medium heat for 3 minutes on each side. Put on preheated plates.
4 Braise parsley and chives in the frying pan on medium heat, sprinkle fish fillets.
Tip Serve with steamed potatoes.

Albeli In der Zentralschweiz heißen kleine Felchen «Albeli». Sie werden meistens so filetiert, dass beide Filets noch durch das Rückengrat verbunden bleiben. Beim Dünsten in Butter ist es wichtig, dass sie nicht zu heiß ist, denn die in der Butter enthaltene Buttermilch verdampft vor dem Aufschäumen und übernimmt das Garen des Fisches.

Féra En Suisse centrale, ce poisson d'eau douce de l'ordre des corégones s'appelle «Albeli». Il est en général fileté de manière à ce que les deux filets restent attachés par l'épine dorsale. En les cuisant, il est important de ne pas trop faire chauffer le beurre. Le babeurre conteru dans le beurre s'évapore peu avant que le beurre mousse et fait cuire le poisson.

Albeli In Central Switzerland, small white fish are called «Albeli». They are usually filleted in a way, that both fillets are still connected to each other through the spinal cord. When braising in butter it is very important that it does not become to hot, because the buttermilk contained in the butter evaporates shortly before the butter froths up and takes over the cooking of the fish.

GERÄUCHERTES RIPPLI MIT MARRONI

– CÔTELETTES DE PORC ET CHÂTAIGNES CARAMÉLISÉES | SMOKED RIBS WITH CHESTNUTS –

250 g Dörrkastanien, über Nacht in reichlich Wasser eingelegt | 700 g geräuchertes Rippli (Kasseler Fleisch) | 50 g Zucker | 1 EL Butter | ½ l Gemüsebrühe | 400 g fest kochende Kartoffeln | 300 g Karotten

1 Das Einweichwasser der Kastanien weggießen, braune Häutchen und braune Stellen am besten mit einem spitzen Messer entfernen.

2 Zucker in einem Gusseisentopf hellbraun karamellisieren, Butter zugeben und aufschäumen lassen. Kastanien zugeben und durch kräftiges Bewegen des Topfes mit dem Karamell überziehen, mit der Gemüsebrühe ablöschen. Rippli auf die Kastanien legen, 40 bis 50 Minuten köcheln lassen. Die Kastanien dürfen nicht zerfallen! Nach halber Garzeit geschälte und klein gewürfelte Kartoffeln und Karotten zufügen. Eventuell braucht es noch ein wenig Gemüsebrühe.

250 g de châtaignes séchées, trempées dans l'eau durant la nuit | 700 g de côtes de porc fumées | 50 g de sucre | 1 cs de beurre | ½ l de bouillon de légumes | 400 g de pommes de terre à chair ferme | 300 g de carottes

1 Retirer les peaux brunes des châtaignes.

2 Dans une poêle en fonte, faire caraméliser le sucre, brun clair; ajouter le beurre et faire mousser. Ajouter les châtaignes et les recouvrir de caramel en secouant la poêle. Ajouter le bouillon, déposer les côtes de porc sur les châtaignes, faire mijoter durant 40 à 50 minutes. Après 20 minutes de cuisson, ajouter les pommes de terre et les carottes pelées et coupées en cubes. Ajouter éventuellement encore un peu de bouillon.

250 g dried chestnuts, soaked over night | 700 g smoked pork ribs | 50 g sugar | 1 tbsp butter | ½ l vegetable stock | 400 g firm cooking potatoes | 300 g carrots

1 Remove brown skins from chestnuts with a sharp pointed knife, also remove all brown patches.

2 Caramelise sugar in a cast iron pan until light brown, add butter and froth up. Then add chestnuts, coat well with caramel, pour over vegetable stock. Lie smoked pork ribs on chestnuts and simmer for 40 to 50 minutes. After 20 minutes add peeled, cubed potatoes and carrots. Add little vegetable stock if needed.

URNER ÄLPLERMAGRONEN

– MACARONIS ET POMMES DE TERRE AU FROMAGE | POTATO AND MACARONI BAKE FROM URI –

500g fest kochende Kartoffeln | 200g Makkaroni | 200g geriebener Alpkäse | 1 gewürfelte Knoblauchzehe | 50ml Milch | 50ml Rahm/Sahne | Salz | 2EL Öl | 2 mittelgroße Zwiebeln, in feinen Ringen

1 Kartoffeln schälen und in 20mm große Würfelchen schneiden.
2 Kartoffelwürfelchen mit den Makkaroni im Salzwasser garen, 10 Minuten, in einem Sieb abtropfen lassen.
3 Backofen auf 210°C vorheizen.
4 Kartoffel-Makkaroni-Mix mit geriebenem Alpkäse und Knoblauch in eine Gratinform füllen, Milch und Rahm zufügen, restlichen Käse darüberstreuen.
5 Älplermagronen in den vorgeheizten Ofen schieben, während etwa 15 Minuten heiß werden lassen.
6 Zwiebelringe im Öl knusprig braten, über die Älplermagronen verteilen.

500g de pommes de terre à chair ferme | 200g de macaronis | 200g de fromage d'alpage râpé | 1 gousse d'ail en cubes | ½dl de lait | ½dl de crème entière | sel | 2cs d'huile | 2 oignons moyens, en fines rondelles

1 Peler les pommes de terre et les débiter en cubes de 20 mm.
2 Faire bouillir une grande quantité d'eau salée et y faire cuire les macaronis avec les pommes de terre, 10 minutes. Jeter l'eau.
3 Préchauffer le four à 210°C.
4 Déposer les macaronis et les pommes de terre dans un plat thermorésistant en alternant avec du fromage râpé. Parsemer d'ail, verser la crème et le lait par-dessus. Parsemer du reste de fromage râpé.
5 Réchauffer les Älplermagronen dans le four, 15 minutes à 210°C.
6 Rôtir les oignons dans l'huile et répartir sur les macaronis avant de servir.

500g firm cooking potatoes | 200g macaroni | 200g grated alpine cheese | 1 clove of garlic, chopped | 50ml milk | 50ml cream | salt | 2tbsp oil | 2 medium sized onions, finely sliced

1 Peel potatoes and cut into 20mm cubes.
2 Cook macaroni together with potatoes in salted water for 10 minutes, leave to drain in sieve.
3 Preheat oven at 210°C.
4 Fill potatoes and macaroni with cheese and garlic into oven proof dish, add milk and cream. Sprinkle the remaining cheese over top.
5 Slide Älplermagronen into preheated oven, heat for 15 minutes.
6 Fry onion rings in oil until crispy, spread them over the Älplermagronen.

SPINATKNÖPFLI MIT SCHABZIGER

– SPAETZLES AUX ÉPINARDS ET SCHABZIGER | SPINACH KNÖPFLI WITH SCHABZIGER –

400g Weiß- oder Knöpflimehl | 1 TL Salz | 4 Eier | 150ml Milchwasser (halb Wasser/halb Milch) | 300–400g kleinblättriger Spinat | Butter | 50g geriebener Schabziger

1 Spinat tropfnass in den Kochtopf geben und bei starker Hitze zusammenfallen lassen, in einem Sieb abkühlen lassen, fein hacken.
2 Mehl, Salz, Eier und Milchwasser zu einem Teig rühren, mit einem Holzlöffel klopfen, bis er Blasen wirft, Spinat unterrühren. Knöpfliteig etwa 30 Minuten quellen lassen.
3 In einem Kochtopf Salzwasser erhitzen, Teig portionsweise in das kochende Wasser streichen (Knöpflisieb) oder schaben (Teig auf ein Holzbrett geben und mit Messer ins Wasser schaben). Sobald die Knöpfli an die Oberfläche steigen, mit dem Schaumlöffel herausnehmen und unter kaltem Wasser abschrecken.
4 Butter schmelzen, Knöpfli darin schwenken und erhitzen. Schabziger darüberstreuen.

400g de farine blanche | 1cc de sel | 4 œufs | 1,5dl de lait et d'eau, moitié-moitié | 300 à 400g d'épinards en branches | beurre | 50g de Schabziger râpé

1 Dans une grande marmite, faire chiffonner à feu vif les épinards encore mouillés, les verser dans une passoire et les presser. Les hacher finement.
2 Dans une grande jatte, remuer la farine, le sel, les œufs et le lait dilué. Battre la pâte avec une cuiller en bois jusqu'à ce que la pâte forme des bulles. Incorporer les épinards laisser reposer la pâte durant 30 minutes.
3 Porter à ébullition de l'eau salée dans une grande marmite. Verser la pâte par portions sur une planche en bois et la faire tomber en petits morceaux dans l'eau bouillante à l'aide d'un bon couteau. Dès que les spaetzles remontent à la surface, les retirer à l'aide d'une écumoire et les passer sous l'eau froide.
4 Faire fondre le beurre et y réchauffer les spaetzles. Saupoudrer de Schabziger et servir immédiatement.

400g white flour or Knöpfli flour | 1tsp salt | 4 eggs | 150ml milky water (half water/half milk) | 300–400g small leaved spinach | butter | 50g grated Schabziger

1 Put washed spinach into saucepan, on high heat let it fall apart, strain, cool and chop finely.
2 Mix flour, salt, eggs and milky water to a dough, beat with wooden spoon until bubbles form, mix in spinach. Leave dough to rise for 30 minutes.
3 Heat salt water in large saucepan, spread dough in portions (over Knöpfli sieve) or scrape (put dough on cutting board and scrape with knife into water) into boiling water. As soon as the Knöpfli rise to the surface, remove with skimming ladle and rinse with cold water.
4 Heat butter, toss Knöpfli in it and heat up. Sprinkle with Schabziger. Serve immediately.

TICINO

– TESSIN –

Aus der «Sonnenstube» der Schweiz kommen Speisen, die ihre Herkunft aus dem südlichsten Teil des Landes nicht leugnen können. Auch die Nachbarschaft zu Italien ist in vielen Gerichten spürbar.

Es ist nicht die Sprache allein, in der sich die Verwandtschaft zu unserem südlichen Nachbarland spiegelt. Auch den Tessinern ist das feurige Temperament der Südländer eigen, die Liebe zum Gesang und zum geselligen Zusammensein. Und zur «Cucina casalinga», der häuslichen Kochkunst. Wenn von «Cucina casalinga» die Rede ist, heißt das, dass es sich um von der Hausfrau oder der «Padrona» zubereitete Gerichte handelt, in der Gastronomie zumindest, dass sie aus dem Repertoire des Betriebes stammen. Die Minestrone, eine Gemüsesuppe, wohl das universalste Gericht dieser Küche, trägt mit ihren einfachen, in jedem Garten gedeihenden Zutaten noch immer den Stempel der Armut, die vor dem wirtschaftlichen Aufschwung durch den Tourismus in der ganzen Region herrschte. Doch was haben die «Mammas» aus diesem Rezept gemacht! Eine Spezialität sondergleichen, stets den Jahreszeiten entsprechend und immer köstlich! Dasselbe lässt sich vom Risotto sagen, dem südländischen Reisgericht, oder der Ossobuco, einer Kalbshaxe.

Les plats de Suisse méridionale sont typiques pour leur région d'origine ensoleillée. Sa proximité avec l'Italie se retrouve dans le caractère italien de bien des spécialités.

Mais ce n'est pas uniquement la langue qui confirme la parenté du Tessin avec l'Italie. Les habitants ont le tempérament passionné des gens du Sud, aiment le chant et les danses typiques en société. Et bien sûr, la «Cucina casalinga», la cuisine à la mode de chez soi. Si l'on parle de «Cucina casalinga», cela signifie que les mets sont préparés personnellement par la ménagère, «la Padrona», ou, du point de vue gastronomique, que les plats font partie du répertoire familial. La «Minestrone», un potage aux légumes, le plat universel de cette région, avec ses ingrédients simples produits dans son propre jardin potager, est un témoin des temps de pauvreté qui ont marqué cette région avant l'essor du tourisme. Mais qu'ont fait les «mammas» de cette recette? Une spécialité sans pareil, toujours adaptée aux saisons et délicieuse. On peut en dire autant du risotto, ce plat de riz méridional ou de «l'ossobuco», les jarrets de veau.

Many dishes cannot deny their origin. Coming from the southern part of the «Sunny room of Switzerland» and the neighbourhood to Italy becomes apparent through many Italian influenced dishes.

It is not only the language that reflects the relation to our southern neighbouring country, also the fiery Southern European temperament of the Ticinos, their love for singing and friendly get-togethers and of course the «Cucina casalinga», the domestic art of cooking. When talking about the «Cucina casalinga», that means that the dishes have been prepared personally by the Lady of the House, the «Padrona», and in the catering trade the original recipes are used. The Minestrone (vegetable soup), probably the most universal dish, still carries with its simple, in every garden thriving ingredients the mark of poverty, that ruled the whole region before the economical upward trend set as a result of tourism. But what have the «Mammas» made out of this recipe! A speciality unheard of, always in accordance with the seasons and always delicious! The same can be said about the Risotto, the Southern European rice dish, or the Ossobuco, the beef shank.

1 Ascona | 2 Ponte di Salti, Lavertezzo | 3 Loco, Val Onsernone | 4 Lugano | 5 Ronco, Delta di Maggia

MINESTRONE

– POTAGE AUX LÉGUMES | VEGETABLE SOUP –

2 EL Olivenöl extra vergine | 1 Lauch | 1–2 Karotten | 1–2 fest kochende Kartoffeln | 1 Kohlrabi | 2 Frühlingszwiebeln mit Röhrchen | ½ Knollensellerie | 150 g Makkaroni | 100 ml Weißwein | 1½ l Gemüsebrühe | Salz | frisch gemahlener Pfeffer | fein gehackte Kräuter für die Garnitur

1 Gemüse bei Bedarf schälen, in Stäbchen, Ringe oder Streifen schneiden.
2 Gemüse im Olivenöl andünsten, Weißwein und Gemüsebrühe zufügen, aufkochen, 20 bis 30 Minuten köcheln lassen. Makkaroni nach 15 Minuten zugeben und mitkochen. Die Minestrone würzen.
3 Minestrone in Tellern anrichten, mit den Kräutern bestreuen.

2 cs d'huile d'olive vierge extra | 1 poireau | 1–2 carottes | 1–2 pommes de terre à chair ferme | 1 chou-rave | 2 oignons de printemps avec la verdure, en fines rondelles | ½ céleri | 150 g de macaronis | 1 dl de vin blanc | 1½ l de bouillon de légumes | sel aromatisé | poivre noir du moulin | bouquet de fines herbes hachées pour décorer

1 Peler les légumes si nécessaire. Les couper après en tronçons ou bâtonnets ou rondelles.
2 Faire revenir tous les légumes dans l'huile d'olive. Ajouter le vin blanc ainsi que le bouillon de légumes. Porter à ébullition et faire mijoter 20 à 30 minutes. Ajouter les pâtes après 15 minutes. Assaisonner.
3 Parsemer de fines herbes et servir le potage.

2 tbsp extra virgin olive oil | 1 leek | 1–2 carrots | 1–2 firm cooking potatoes | 1 kohlrabi | 2 spring onions with green, finely sliced | ½ cellery | 150 g macaronis | 100 ml white wine | 1½ l vegetable stock | salt | pepper | freshly chopped herbs to garnish

1 Clean vegetables (peel if needed), cut into sticks, strips or slices.
2 Lightly braise all the vegetables including potatoes in olive oil. Add white wine and vegetable stock, bring to the boil, cook for 20 to 30 minutes on low heat. After 15 minutes add macaronis, season.
3 Serve vegetable soup, sprinkled with herbs.

RISOTTO TICINESE

– RISOTTO À LA TESSINOISE | RISOTTO FROM TICINO –

2EL Olivenöl extra vergine | 1 kleine Zwiebel, fein gewürfelt | 300g Mittelkornreis, z.B. Arborio, Vialone | 100ml Weißwein | ca. 800ml Gemüsebrühe | 40g Butter | 100g geriebener Sbrinz | Salz | Pfeffer | glattblättrige Petersilie für die Garnitur

1. Reis in einem Drahtsieb ausgiebig mit warmem Wasser überbrausen, abtropfen lassen.
2. Zwiebeln im Olivenöl bei schwacher Hitze andünsten, Reis zufügen und mitdünsten, bis er glasig ist. Weißwein zufügen und ganz einkochen lassen. Gemüsebrühe nach und nach zugeben, so dass der Reis immer knapp mit Flüssigkeit bedeckt ist. Unter häufigem Rühren bei schwacher Hitze al dente kochen, 20 Minuten. Butterstückchen und die Hälfte des Sbrinz unterrühren, mit Salz und Pfeffer abschmecken. Mit Petersilie garnieren. Restlichen Sbrinz separat servieren.

2cs d'huile d'olive vierge extra | 1 petit oignon en cubes | 300g de riz à grain rond, p.ex. Arborio, Vialone | 1dl de vin blanc | environ 8dl de bouillon de légumes | 40g de beurre | 100g de Sbrinz râpé | sel | poivre | persil plat pour décorer

1. Bien laver le riz sous l'eau chaude. Egoutter.
2. Faire revenir l'oignon dans l'huile d'olive. Ajouter le riz et faire revenir jusqu'à ce qu'il soit translucide. Ajouter le vin blanc et le faire évaporer, puis ajouter le bouillon de légumes de manière à ce que la surface du riz soit toujours recouverte de liquide. Ajouter du bouillon chaud, si nécessaire. Faire cuire le riz al dente en le remuant régulièrement, environ 20 minutes. Ajouter le beurre et la moitié du Sbrinz. Saler et poivrer. Décorer avec le persil et parsemer du reste de Sbrinz avant de servir.

2tbsp extra virgin olive oil | 1 small onion, finely chopped | 300g medium grain rice, e.g. Arborio, Vialone | 100 ml white wine | approx. 800 ml vegetable stock | 40g butter | 100g Sbrinz, grated | salt | pepper | Italien parsley (ilprezzemola) | to garnish

1. Wash rice with warm water in metal sieve, leave to drain.
2. Lightly braise onions on low heat, add rice and lightly braise until transparent. Add white wine, cook until fully absorbed. Add vegetable stock slowly, in order to keep rice always just covered with liquid. Cook al dente on low heat for approx. 20 minutes, whilst stirring often. Stir in half of Sbrinz and butter in pieces, season with salt and pepper and garnish with parsley. Serve remaining Sbrinz separately.

OSSOBUCO CASALINGA

– JARRETS DE VEAU ET LÉGUMES | HOMEMADE VEAL KNUCKLES –

4 Kalbshaxen | Salz | schwarzer Pfeffer | 2EL Olivenöl extra vergine| 1 große Zwiebel, 2 Karotten | ½ Knollensellerie | 1 kleiner Lauch | 2 geschälte Tomaten | ½l Weißwein | 1 durchgepresste Knoblauchzehe | wenig Zitronenschale | Rosmarin | Salbei | Thymian | gehackte Petersilie

1 Zwiebel, Karotten sowie Sellerie und Lauch putzen und bei Bedarf schälen und klein schneiden. Den Stielansatz der Tomaten ausstechen, Früchte würfeln.

2 Kalbshaxen mit Salz und Pfeffer würzen, im Öl auf beiden Seiten kräftig anbraten. Zwiebeln, Gemüse und Tomaten zufügen und andünsten, mit Weißwein ablöschen und aufkochen. Durchgepressten Knoblauch, Zitronenschale und Kräuter, ohne Petersilie, zufügen, Kalbshaxen bei schwacher Hitze 70 bis 80 Minuten zugedeckt schmoren lassen. Sauce nach Belieben abschmecken. Petersilie darüberstreuen.

Tipp Mit Gnocchi, Nudeln, Risotto (Seite 46) oder Rösti (Seite 68) oder Kartoffelstock servieren.

4 grands jarrets de veau | sel | poivre noir | 2cs d'huile d'olive vierge extra | 1 grand oignon | 2 carottes | ½ céleri | 1 petit poireau | 2 tomates pelées | ½l de vin blanc | 1 gousse d'ail pressée | un peu de zeste de citron râpé | romarin | thym | sauge | persil haché

1 Peler les légumes si nécessaire et les couper en petits dés.

2 Saler et poivrer les jarrets de veau et les saisir dans l'huile, des deux côtés. Ajouter les légumes et les faire revenir. Ajouter le vin blanc et porter à ébullition. Ajouter les fines herbes sans le persil et faire mijoter durant 70 à 80 minutes. Corriger l'assaisonnement et parsemer de persil.

Conseil Servir avec des gnocchis, des nouilles, du risotto (page 46), de rœsti (page 68) ou de la purée de pommes de terre.

4 large veal knuckles | salt | black pepper | 2tbsp extra virgin olive oil | 1 large onion | 2 carrots | ½ cellery | 1 small leek | ½l white wine | 1 clove of garlic, pressed | little lemon peel | rosemary | sage | thyme | chopped parsley

1 Clean onions, carrots, cellery and leek (peel if needed) and cut into small pieces. Cut tomatoes into cubes.

2 Season veal knuckles with salt and pepper, fry in oil until brown on both sides. Add onions, vegetables as well as tomatoes and braise lightly, pour over white wine, bring to the boil. Add garlic, lemon peel and herbs excluding parsley, braise on low heat for 70 to 80 minutes. Season if necessary and sprinkle with parsley.

Tip Serve with gnocchi, noodles, risotto (page 46), rösti (page 68) mashed potatoes.

TESSINER KLOSTERKUCHEN

– GÂTEAU AUX ÉPINARDS, BOLETS ET FROMAGE | MONASTERY CAKE FROM TICINO –

1. Brotwürfel in der Milch 30 Minuten einweichen, mit einer Gabel zerpflücken. Pilze gut ausdrücken, grob hacken. Spinat tropfnass in den Kochtopf geben und bei starker Hitze zusammenfallen lassen, in einem Sieb abkühlen lassen, ausdrücken und fein hacken.
2. Knoblauch und Zwiebeln im Öl andünsten, Petersilie, Pilze und Spinat zufügen, mitdünsten.
3. Backofen auf 180 °C vorheizen.
4. Spinat, Eier, Brot, Butter (50 g) und die Hälfte des Käses vermengen, gut würzen. Spinatmasse in eine eingefettete Form füllen, restlichen Käse darüberstreuen.
5. Tessiner Klosterkuchen in der Mitte in den vorgeheizten Ofen schieben und bei 180 °C 40 bis 50 Minuten backen.

1. Mettre tremper environ 30 minutes les morceaux de pain dans le lait, puis les écraser à l'aide d'une fourchette. Bien presser les bolets et les hacher fin. Dans une grande marmite, faire chiffonner à feu vif les épinards mouillés, les verser dans une passoire et les presser. Les hacher fin.
2. Faire revenir l'oignon et l'ail dans l'huile. Ajouter le persil, les bolets et les épinards et faire revenir encore.
3. Mélanger les épinards, les œufs, le pain, le beurre (50 g) et la moitié du fromage et bien assaisonner. Verser cette masse dans un moule bien graissé et parsemer avec le reste du fromage.
4. Faire cuire le gâteau au milieu du four préchauffé, 40 à 50 minutes à 180 °C.

1. Soak cubed bread in milk for 30 minutes, pick to pieces with fork. Squeeze out ceps and chop coarsely. Put wet spinach in sauce pan and let it fall apart on high heat, strain and cool, squeeze out and chop finely.
2. Lightly braise garlic and onions in oil, add parsley, ceps and spinach, lightly braise.
3. Preheat oven at 180 °C.
4. Mix spinach, eggs, bread, butter (50 g) as well as half of cheese, season well. Fill into backing tin, sprinkle remaining cheese on top.
5. Bake Monastery cake in middle of oven at 180 °C for 40 to 50 minutes.

Für eine Form von 26 cm Ø 3 EL Olivenöl extra vergine | 1 Zwiebel, fein gewürfelt | 2 Knoblauchzehen, gewürfelt | 2 EL gehackte Petersilie | 25 g getrocknete Steinpilze, eingeweicht | 800 g Spinat | 120 g Brotwürfelchen | 100 ml Milch | 50 g Butter | 3 Eier | 100 g geriebener Tessiner Bergkäse | Salz | Muskatnuss | Pfeffer

Pour un moule de 26 cm Ø 3 cs d'huile d'olive vierge extra | 1 oignon en cubes | 2 gousses d'ail en cubes | 2 cs de persil haché | 25 g de bolets séchés, trempés dans du l'eau | 800 g d'épinards en branches | 120 g de pain coupé en dés | 1 dl de lait | 50 g de beurre | 3 œufs | 100 g de fromage d'alpage tessinois | sel | poivre noir | noix de muscade

For a backing tin of 26 cm Ø 3 tbsp extra virgin olive oil | 1 onion, finely chopped | 2 cloves of garlic, finely chopped | 2 tbsp parsley, chopped | 25 g dried ceps (mushrooms), soaked | 800 g spinach | 120 g cubed bread | 100 ml milk | 50 g butter | 3 eggs | 100 g Ticino alpine cheese, grated | salt | nutmeg | pepper

NORDWESTSCHWEIZ

– AARGAU | BASEL | SOLOTHURN –

Die Nordwestschweiz ist eingebettet zwischen den Hügelzügen des Juras und den Alpen. Am Jura-Nordfuss liegt die Stadt Basel am Rheinknie. Sie spielt eine wichtige Rolle als Pforte zu den Nachbarn Frankreich und Deutschland.

Auch in der Nordwestschweiz konnten sich zahlreiche kulinarische Traditionen bis heute halten. In Basel spielt die Fasnacht eine zentrale Rolle: Was wäre nach «anstrengenden» Stunden mit Pfeife und Trommel der frühe Morgen ohne heiße Mählsuppe und Zibelewäije? Etwa so unvorstellbar wie die Basler Messe ohne Mässmogge, wie das bunte Zuckernaschwerk genannt wird. Und obschon der Salm aus dem Rhein fast verschwunden ist, hält sich das Basler Gericht auf den Speisekarten. Der Aargau, nach wie vor wichtiger Agrarkanton, hütet seine mit der Scholle verbundenen Genüsse. Spinatküchlein etwa zeugen vom phantasievollen Umgang mit einfachen Nahrungsmitteln. Gleiches gilt für die wunderbar «feuchte» Rüeblitorte (Karottenkuchen). Im Fricktal und im Kanton Baselland gedeihen die süßesten Kirschen. Wie wär's mit einem Kirschenauflauf. Und im Solothurnischen sollte man den Leberspieß nicht verpassen!

Cette région est dominée au nord par le Jura et au sud par les vastes plaines du Mittelland, le plateau entre les monts du Jura et les Alpes. Au pied nord du Jura, Bâle, au bord du Rhin, joue un rôle important en tant que lien avec nos voisins, l'Allemagne et la France.

Mais ici également, de vieilles traditions se sont maintenues. A Bâle, la fête de carnaval joue un rôle central. Comment jouer du tambour et du fifre durant des nuits entières sans déguster le lendemain matin la fameuse «Basler Mählsuppe», le potage à la farine dorée, suivie d'un morceau de «Zibelewäije», une tarte aux oignons? Tout aussi inimaginable que la Foire d'automne de Bâle sans «Mässmogge», cette sucrerie locale multicolore. Même si le saumon d'eau douce a depuis longtemps déserté les eaux du Rhin, le plat traditionnel de Bâle s'est maintenu sur la carte du menu. L'Argovie, durant des siècles un canton agraire, maintient ses traditions paysannes. Les «Spinattötschli» sont le témoin de ses mets simples et originels. Tout comme la tourte aux carottes qui s'est maintenue en tant que dessert. Dans la vallée de Frick, au climat idéal pour la culture des cerises, les gratins aux cerises s'imposent. Alors que du côté de la ville de Soleure, il ne faut pas omettre de goûter les brochettes de foie.

This region is dominated by the high Jura ranges and the wide open country towards the Mittelland. The town of Basel at the knee of the river Rhine plays the important role of the gate towards the countries France and Germany.

Also here many culinary traditions have remained. In Basel, carnival plays a central role: what would the early morning be like, after hours of drum playing, if there would not be some hot «Mählsuppe» (Flour soup) and «Zibelewäije» (Onion cake)? That would be as difficult to imagine as a Basel Fair without «Mässmogge», which is the name of the local brightly coloured candies. And even though salmon has almost disappeared from that stretch of water, the dish Basler salm has remained on the menus. Aargau, which was for a long period of time almost exclusively an agricultural canton, looks after its own culinary delights. «Spinattötschli» and the «Rüeblitorte», which is appreciated in the whole canton as cake, show the imaginative way of dealing with simple food. In the Fricktal the climate is perfect for the cultivation of cherries used for the « Chirschiauflauf» (Cherry bake). In the canton of Solothurn, one should not miss out on trying the local speciality: Liver on the spit!

1 Mittlere Brücke, Basel | 2 Aarauer Altstadt, Halde | 3 Baselbieter Jura | 4 Schloss Habsburg | 5 Landhaus, Solothurn

BASLER MEHLSUPPE

– POTAGE BÂLOIS À LA FARINE | FLOUR SOUP FROM BASEL –

5 EL Weißmehl | 60 g Butter | 1 l Gemüsebrühe | 50 ml Rotwein | 100 g geriebener Gruyère | 2 EL Olivenöl extra vergine | 1 große Zwiebel, in feinen Ringen

1 Mehl in einem Gusseisentopf unter Rühren bei starker Hitze braun rösten, ein wenig abkühlen lassen, Butter unterrühren. Gemüsebrühe zufügen, unter gelegentlichem Rühren 20 Minuten köcheln lassen. Rotwein kurz vor dem Servieren unterrühren, nochmals erhitzen.
2 Zwiebelringe im Öl bräunen.
3 Mehlsuppe in vorgewärmten Tellern anrichten, mit den gerösteten Zwiebelstreifen bestreuen. Käse darüberstreuen oder separat servieren.

5 cs de farine blanche | 60 g de beurre | 1 l de bouillon de légumes | ½ dl de vin rouge | 100 g de Gruyère râpé | 1 grand oignon, en rondelles | 2 cs d'huile d'olive vierge extra

1 Faire rôtir la farine à feu vif, dans une poêle, en remuant constamment. Laisser refroidir un peu, ajouter le beurre en remuant. Ajouter le bouillon de légumes, faire mijoter environ 20 minutes en remuant de temps en temps. Avant de servir, ajouter le vin rouge et porter à ébullition.
2 Bien rôtir les rondelles d'oignons dans l'huile d'olive.
3 Servir le potage. Décorer avec les rondelles d'oignons. Parsemer de Gruyère ou le servir séparément.

5 tbsp white flour | 60 g butter | 1 l vegetable stock | 50 ml red wine | 100 g grated Gruyère | 1 large onion, in fine rings | 2 tbsp extra virgin olive oil

1 Brown flour in cast iron pan whilst stirring on high heat until, cool down slightly, mix in butter. Pour in vegetable stock and cook gently for about 20 minutes stirring occasionally. Shortly before serving, pour in red wine, heat up again.
2 Brown onions in oil.
3 Serve flour soup, garnish with onion rings. Sprinkle with Gruyère or serve separately.

SALM NACH BASLER ART

– SAUMON BÂLOIS | SALMON «THE BASEL WAY» –

1 Bierteig: Mehl, Bier, Öl und Salz glatt rühren. Eiweiß steif schlagen und unterziehen.
2 Backofen auf 70 °C vorheizen.
3 Salmtranchen beidseitig mit Salz und Pfeffer würzen, mit Zitronensaft einpinseln, etwa 10 Minuten marinieren, mit Küchenpapier trocken tupfen. Öl in Bratpfanne erhitzen, Salm darin beidseitig kurz braten, in eine Schüssel legen, im vorgeheizten Ofen zugedeckt warm stellen.
4 Schalotten in der Fischpfanne andünsten, Weißwein und Gemüsebrühe zufügen, bei starker Hitze auf die Hälfte einkochen lassen, würzen.
5 Backöl 2 cm hoch in eine Gusseisenpfanne oder in eine andere hoch erhitzbare Pfanne füllen, erhitzen. Zwiebelringe durch den Bierteig ziehen, im heißen Öl knusprig backen, auf Küchenpapier abtropfen lassen.
6 Salmtranchen auf vorgewärmten Tellern anrichten, mit der heißen Sauce umgießen, Zwiebelringe dazulegen.

1 Pour la pâte à la bière, bien remuer la farine, la bière, l'huile et le sel. Battre le blanc d'œuf, l'ajouter à la pâte.
2 Préchauffer le four à 70 °C.
3 Saler et poivrer les tranches de saumon des deux côtés, les badigeonner de jus de citron et laisser reposer environ 10 minutes au réfrigérateur. Faire chauffer l'huile dans une poêle, sécher le poisson en le tamponnant avec du papier de ménage. Rôtir brièvement les tranches de poisson des deux côtés et les déposer dans un plat pour les garder au chaud dans le four.
4 Faire revenir les échalotes dans la même poêle, ajouter le vin blanc et le bouillon de légumes et faire réduire de moitié à grand feu.
5 Faire chauffer l'huile pour frire dans une poêle profonde ou une friteuse. Tremper les rondelles d'oignons dans la pâte, les faire frire, bien croustillantes. Les égoutter sur du papier de ménage.
6 Disposer les tranches de saumon sur quatre assiettes chaudes, napper de sauce et décorer avec les rondelles d'oignons. Accompagner de pommes nature.

1 For beer batter, mix flour, beer, oil and salt to a smooth paste. Beat egg white until stiff, fold in.
2 Preheat oven at 70 °C.
3 Sesaon salmon slices on both sides with salt and pepper. Brush with lemon juice, marinate for 10 minutes, dab dry with kitchen roll. Heat olive oil in frying pan, shortly fry salmon on both sides, place in dish and keep warm in preheated oven.
4 Lightly braise onions in fish pan, add white wine and vegetable stock, cook on high heat until half thickened, season.
5 Fill cast iron pan, or ohter high heat resistant pan, with 2 cm frying oil, heat up. Dip onion rings in beer batter, fry in hot oil until crispy, leave to drain on kitchen roll.
6 Serve salmon slices on preheated plates, pour on sauce and add onion rings. Serve.

4 Salmtranchen, 4 cm dick | Salz | Pfeffer | Zitronensaft | 3 EL Olivenöl extra vergine | 4 Schalotten, fein gewürfelt | 100 ml Weißwein | 200 ml Gemüsebrühe | Salz | Pfeffer | **Zwiebeln im Bierteig:** 200 g Zwiebeln, in feinen Ringen | 75 g Weißmehl | 100 ml helles Bier | 1 TL Olivenöl extra vergine | 1 Msp Salz | ½ Eiweiß | Öl zum Backen

4 tranches de saumon, 4 cm d'épaisseur | sel | poivre | jus de citron | 3 cs d'huile d'olive vierge extra | 4 échalotes hachées fin | 1 dl de vin blanc | 2 dl de bouillon de légumes | sel | poivre | **Oignons en pâte:** 200 g d'oignons en fines rondelles | 75 g de farine blanche | 1 dl de bière blonde | 1 cc d'huile d'olive vierge extra | 1 pc de sel | ½ blanc d'œuf | huile pour frire

4 slices of salmon, 4 cm thick | salt | pepper | lemon juice | 2 tbsp extra virgin olive oil | 4 onions, finely chopped | 100 ml white wine | 200 ml vegetable stock | salt | pepper | **Onion rings in beer batter:** 200 g onions, in fine rings | 75 g white flour | 100 ml light beer | 1 tsp extra virgin olive oil | 1 pinch of salt | ½ egg white | oil to fry

SOLOTHURNER LEBERSPIESSE

– BROCHETTES AU FOIE | LIVER SPITS FROM SOLOTHURN –

400g Kalbsleberschnitzel, 5mm dick | 100g feine luftgetrocknete Speckscheiben | Salbeiblättchen | Olivenöl extra vergine | Pfeffer | Salz

1 Kalbsleberschnitzel in Längsrichtung in 2cm breite Streifen schneiden, mit je einer Speckscheibe und je einem Salbeiblättchen belegen, aufrollen, auf Spießchen stecken.
2 Die Leberspießchen im heißen Öl rundum kurz braten. Würzen. Sofort servieren.
Tipp Mit Reis servieren.

400g de tranches de foie de veau, de 5mm d'épaisseur | 100g de tranches de lard séché à l'air | feuilles de sauge | huile d'olive vierge extra | poivre | sel

1 Couper les tranches de foie de veau dans le sens de la longueur, en bandes de 2cm de largeur. Les recouvrir d'une tranche de lard et d'une feuille de sauge, les enrouler et les piquer sur une brochette.
2 Faire griller brièvement les brochettes de tous les côtés. Assaisonner et servir immédiatement.
Conseil Servir avec du riz.

400g veal liver cutlets, 5mm thick | 100g thin air-dried bacon slices | sage leaves | extra virgin olive oil | pepper | salt

1 Cut liver cutlets lengthwise in 2cm thick stripes, lie bacon slices and sage leaves on top, roll up and stick on a spit.
2 Fry liver spits all around in hot olive oil. Season. Serve immediately.
Tip Serve with rice.

GEROLLTER KALBSBRATEN

– ROULÉ DE VEAU AUX PRUNEAUX | ROLLED VEAL ROAST WITH DAMSONS AND SHALLOTS –

1 Kalbsbraten mit Salz, Pfeffer und Thymian würzen, mit Senf einstreichen. 30 Minuten marinieren.
2 Gemüse putzen (schälen) und zerkleinern.
3 Olivenöl in einem Brattopf erhitzen, Kalbfleisch darin kräftig anbraten. Alles Gemüse zugeben und andünsten. Weißwein zugeben, auf die Hälfte einkochen lassen.
4 Backofen auf 220 °C vorheizen.
5 Gemüsebrühe und Dörrzwetschgen zum Fleisch geben, erhitzen.
6 Brattopf in der Mitte in den vorgeheizten Ofen schieben, Kalbsrollbraten bei 220 °C rund 60 Minuten schmoren. Ab und zu wenig Fleischbrühe nachgießen und den Braten damit übergießen.

Wichtig: Braten während der Schmorzeit nicht zudecken, da der Jus am Schluss von fast sirupartiger Konsistenz sein soll.

1 Enduire le rôti de veau de sel, poivre, thym et moutarde et faire mariner 30 minutes.
2 Préparer les légumes et les débiter en petits dés.
3 Faire chauffer l'huile dans une poêle et saisir le rôti de tous les côtés. Ajouter tous les légumes et les faire revenir. Ajouter le vin blanc, faire réduire de moitié.
4 Préchauffer le four à 220 °C.
5 Ajouter le bouillon et les pruneaux secs à la viande et porter à ébullition.
6 Faire mijoter le rôti au milieu du four, 60 minutes environ à 220 °C. Ajouter un peu de bouillon de temps en temps et en arroser le rôti.

Important: Ne pas couvrir le rôti durant la cuisson. A la fin de la cuisson, le jus devrait être de consistance sirupeuse.

1 Season veal roll with salt, pepper and thyme, coat with mustard. Marinate for about 30 minutes.
2 Peel vegetables and cut into pieces.
3 Heat oil in roasting pot, fry veal roll until brown. Add all vegetables and lightly braise. Add white wine, cook until half thickened.
4 Preheat oven at 220°C.
5 Add vegetable stock and dried damsons to meat, bring to the boil.
6 Braise veal roll in middle of oven at 220 °C for about 60 minutes. From time to time add more stock and pour over roast.

Important: Do not cover roast whilst braising, juice should be almost syrupy in the end.

800 g gerollter Kalbsbraten | Salz | Pfeffer | Thymian | Senf | 2 EL Olivenöl extra vergine| 1 Karotte | ¼ Knollensellerie | 150 g Schalotten | 1 Knoblauchzehe | 100 ml Weißwein | 200 ml Gemüse- oder Fleischbrühe | 150 g Dörrzwetschgen

800 g de rôti de veau roulé | sel | poivre | thym | moutarde | 2 cs d'huile d'olive vierge extra | 1 carotte | ¼ de céleri | 150 g d'échalotes | 1 gousse d'ail | 1 dl de vin blanc | 2 dl de bouillon de légumes| 150 g de pruneaux secs

800 g veal roast roll | salt | pepper | thyme | mustard | 2 tbsp extra virgin olive oil | 1 carrot | ¼ cellery | 150 g shallots | 1 clove of garlic | 100 ml white wine | 200 ml vegetable or beef stock | 150 g dried damsons

KIRSCHENAUFLAUF

– GRATIN DE CERISES | SWEET CHERRY DISH BACKED IN THE OVEN –

für 2–3 Personen als Mahlzeit, für 4–6 Personen als Dessert: 100g Brotwürfelchen ohne Rinde | 200ml heiße Milch | 4 verquirlte Eier | 50g geriebene Mandeln | 500g entsteinte Kirschen | Zucker nach Belieben | Zimtpulver | 2EL gehackte Mandeln | 30g Butter

1 Backofen auf 200°C vorheizen.
2 Heiße Milch über die Brotwürfel gießen, die Milch gleich wieder abgießen.
3 Verquirlte Eier, Brot, Mandeln und Kirschen gut mischen, abschmecken mit Zucker und Zimt. Masse in eine eingefettete Gratinform füllen, gehackte Mandeln darüberstreuen, mit Butterflocken belegen.
4 Kirschenauflauf im unteren Drittel in den vorgeheizten Ofen schieben und bei 200°C 30 Minuten backen. Nadelprobe machen. Sofort servieren.

Tipp Mit einer Vanillesauce servieren.

Plat principal pour 2–3 personnes, Dessert pour 4–6 personnes: 100g de dés de pain sans croûte | 2dl de lait chaud | 4 œufs battus | 50g d'amandes moulues | 500g de cerises dénoyautées | sucre, quantité selon goût | ½cc de cannelle en poudre | 2cs d'amandes effilées | 30g de beurre en flocons

1 Préchauffer le four à 200°C.
2 Verser le lait chaud sur les dés de pain. Les faire immédiatement égoutter et jeter le surplus de lait.
3 Mélanger les œufs, le pain, les amandes moulues et les cerises. Sucrer et ajouter la cannelle. Verser la masse dans un plat à gratin, saupoudrer d'amandes effilées et de flocons de beurre.
4 Faire cuire le gratin dans le tiers du bas du four, environ 30 minutes à 200°C. Piquer avec une aiguille. Lorsqu'elle reste nette, le gratin est cuit.

Conseil Servir avec une sauce vanille.

Meal for 2–3 persons, Dessert for 4–6 persons: 100g cubes of bread, without crust | 200ml milk, hot | 4 eggs, whisked | 50g almonds, grated | 500g cherries, stoned | sugar, to taste | ground cinnamon | 2tbsp almonds, chopped | 30g butter

1 Preheat oven at 200°C.
2 Pour hot milk over cubes of bread, pour off again immediately.
3 Mix egg mixture, bread, almonds and cherries, season with sugar and cinnamon. Fill mixture into backing dish, sprinkle with chopped almonds and butter flakes.
4 Back «Kirschenauflauf» in lower part of oven at 200°C for around 30 minutes. Check with needle. Serve hot.

Tip Serve with vanilla sauce/custard.

BERN

– BERNER OBERLAND | EMMENTAL | SEELAND–

Die Hauptstadt der Schweiz ist Bern. Die sie flankierenden Landschaften sind das malerische Emmental, das Seeland und das Berner Oberland, weltberühmt durch Eiger, Mönch und Jungfrau.

Auch die Großregion Bern ist ein Nebeneinander von ungleichen Landschaften: Das ausgedehnte Seeland mit viel Landwirtschaft und Ackerbau, das Emmental mit seinen fruchtbaren Wiesen, der Milch- und Alpwirtschaft und die unwirtlichen, weltbekannten Berge. Kulinarisch gibt es sehr wohl so etwas wie eine verbindende Esskultur, schon vom Berner Dichter Jeremias Gotthelf bildhaft beschrieben. Zwiebelsuppe und Rösti sind im ganzen Kanton fest verankert, ebenso die Berner Platte, schon fast ein Synonym für opulente Gastfreundschaft. Sie vereint Köstlichkeiten wie Rippli und Speck, Siedfleisch und Würste, begleitet von Sauerkraut, Bohnen und Kartoffeln. Aus dem Emmental kommt auch der weltberühmte Emmentaler Käse, ein gut gereifter Hartkäse. Die süßen Berner Waffeln mit den hübschen Reliefs verbinden wiederum sämtliche Regionen.

La capitale de la Suisse est Berne. Ses paysages alentours, le pittoresque Emmental, le Seeland et, surtout l'Oberland avec ses sommets majestueux, l'Eiger, le Mönch et la Jungfrau, sont mondialement connus.

Ces régions bernoises sont aussi très différentes: le Seeland très étendu avec son agriculture et ses cultures maraîchères, l'Emmental avec ses prairies verdoyantes et sa culture alpestre et laitière et l'Oberland aux sommets arides et célèbres. Malgré ces différences, il existe une culture culinaire commune qui a déjà été décrite par l'écrivain bernois Jeremias Gotthelf (1797–1854). La soupe aux oignons et les rœstis sont profondément ancrés dans tout le canton, tout comme le «Plat bernois», synonyme d'hospitalité opulente. Il réunit tous les morceaux résultant de l'abattage des porcs tels côtelettes, lard, bouilli, saucissons, le tout accompagné de choucroute, haricots secs et pommes de terre. L'Emmental nous fournit son fameux fromage. Un fromage à pâte dure, bien mûr, aux grands trous caractéristiques. Parmi les douceurs qui réunissent toutes les régions, on connaît les gaufres bernoises, minces, cuites entre deux plaques chauffées leur imprimant un dessin plaisant des deux côtés.

Bern is the capital of Switzerland. The countryside surrounding it, is such as the picturesque Emmental, the Seeland, not to forget the Bernese Oberland with its majestic summits Eiger, Mönch and Jungfrau, is world-renowned.

Also Bern and its regions is a juxtaposition of odd landscapes: the extensive Seeland with lots of agriculture and farming, the Emmental with its fertile meadows, dairy and alpine farming, and the inhospitable but world-famous mountains. From a culinary point of view though there is definitely a joint gastronomic culture that has already been vividly described by Jeremias Gotthelf, a Bernese poet. The Zwiebelsuppe as well as the Rösti are well anchored in the whole canton, together with the Berner Platte, which stands as a synonym for opulent hospitality. It unites all the delicacies that are produced when livestock is slaughtered such as smoked ribs, bacon, boiled meat and sausages accompanied by Sauerkraut, beans and potatoes. From the Emmental comes the world-famous Emmentaler cheese, a hard cheese, well ripened. The sweet dishes connect all regions, such as the Berner Waffeln: a thin biscuit traditionally decorated on both sides with pretty relief.

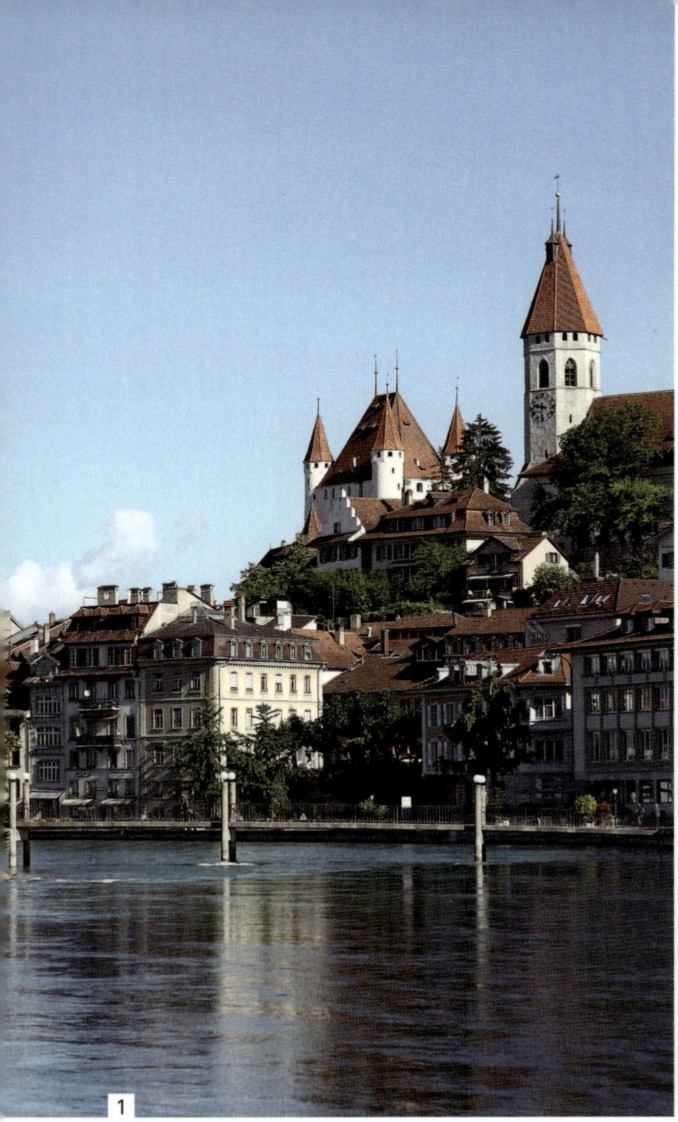

1

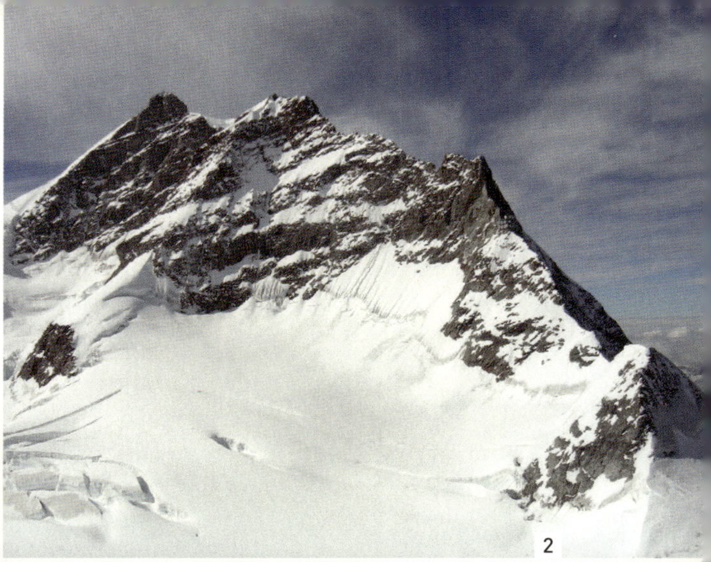

2

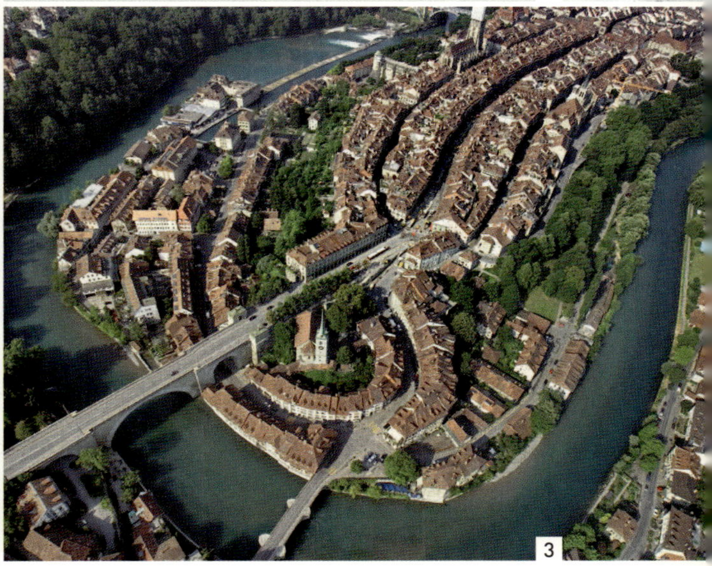

3

1 Thun | 2 Jungfrau | 3 Bern | 4 Grandhotel Giessbach, Brienz | 5 Blick vom Niesen

4

5

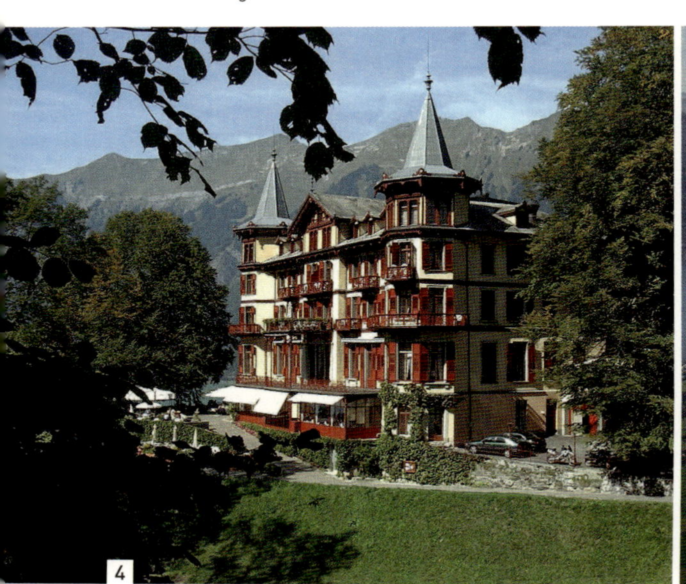

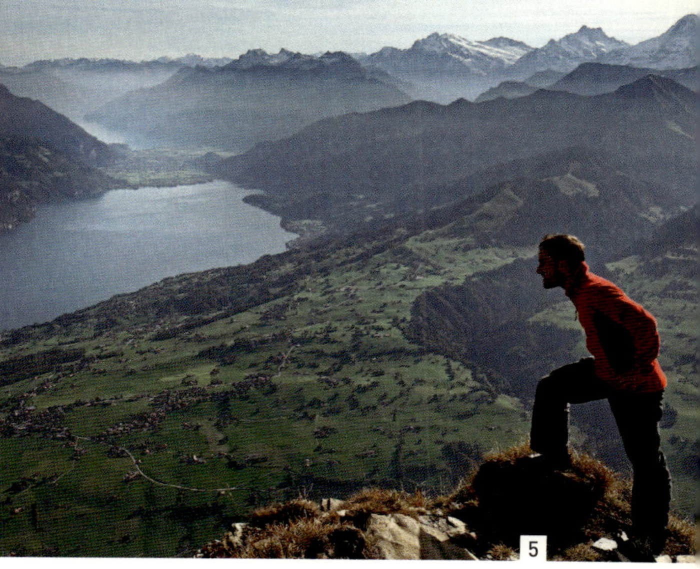

BERNER ZWIEBELSUPPE

– POTAGE BERNOIS AUX OIGNONS | BERNESE ONION SOUP –

2 EL Olivenöl extra vergine | 3 große Zwiebeln, in feinen Scheiben | 1 Knoblauchzehe, in Scheibchen | 200 g Gemüse, z. B. Lauch, Karotten, Knollensellerie, klein gewürfelt | 100 ml Weißwein | 1 l Gemüsebrühe | 300 ml Milch | 200 ml Rahm/Sahne | 1 EL geriebener Käse | Salz | Pfeffer | 1–2 EL Olivenöl extra vergine| 1 große Zwiebel, in feinen Ringen

1. Zwiebeln, Knoblauch und Gemüse im Öl andünsten, Weißwein, Gemüsebrühe und Milch zufügen, aufkochen und bei schwacher Hitze 20 bis 30 Minuten köcheln. Pürieren.
2. Für die Einlage Zwiebeln im Öl goldbraun braten, auf Küchenpapier trocken tupfen.
3. Zwiebelcremesuppe erhitzen, steif geschlagenen Rahm und Käse unterziehen. Würzen. Anrichten, mit den Zwiebelringen garnieren.

2 cs d'huile d'olive vierge extra | 3 gros oignons, en fines rondelles | 1 gousse d'ail, en fines tranches | 200 g de légumes, p. ex. poireaux, carottes, céleri, en brunoise | 1 dl de vin blanc | 1 l de bouillon de légumes | 3 dl de lait | 2 dl de crème entière | 1 cs de fromage râpé | sel, poivre | 1–2 cs d'huile d'olive vierge extra | 1 grand oignon, en rondelles

1. Faire revenir l'oignon, l'ail et les légumes dans l'huile. Ajouter le vin blanc, le bouillon de légumes et le lait, porter à ébullition, faire mijoter durant 20 à 30 minutes. Mixer.
2. Pour décorer, faire frire de grandes rondelles d'oignons dans l'huile d'olive, les égoutter sur du papier de ménage.
3. Porter le potage à ébullition, incorporer la crème fouettée et aussi le fromage. Saler et poivrer. Verser dans des assiettes chaudes et décorer avec d'oignons.

1 tbsp extra virgin olive oil | 3 large onions, finely sliced | 1 clove of garlic, finely sliced | 200 g vegetables, e.g. leek, carrots, cellery, cut into small cubes | 100 ml white wine | 1 l vegetable stock | 300 ml milk | 200 ml cream | 1 tbsp grated cheese | salt | pepper | 1–2 tbsp extra vergine olive oil | 1 large onion, in slices

1. Lightly braise onions, garlic and vegetables, add white wine, vegetable stock and milk, heat up, on low heat cook for 20 to 30minutes. Purée.
2. To garnish, fry onions in olive oil and tab dry on kitchen roll.
3. Bring onion cream soup to the boil, fold in stiffly beaten cream and also cheese. Season. Serve in preheated cups or plates, garnish with onion rings.

KARTOFFELRÖSTI

– RŒSTI | GRATED FRIED POTATO CAKE –

3 EL Bratbutter | 1 mittelgroße Zwiebel, fein gewürfelt | 600 g gekochte Schalenkartoffeln vom Vortag, vorwiegend fest kochende Sorte | Salz | Muskatnuss| Pfeffer | 1 EL Bratbutter

1 Kartoffeln schälen und auf der Röstiraffel reiben, würzen.
2 Zwiebeln in der Bratbutter andünsten, Kartoffeln zufügen, mischen. Mit einem Holzlöffel immer wieder rühren, damit die Kartoffeln gleichmäßig angebraten werden. Jetzt einen großen Kuchen formen und bei mittlerer Hitze ein paar Minuten braten, wenden und die restliche Bratbutter an den Rand geben, bei mittlerer Hitze knusprig braten. Oder vorgebratene Kartoffeln in vier Portionen teilen und vier kleine Kuchen braten.

3 cs beurre à frire | 1 oignon moyen haché fin | 600 g de pommes de terre à chair ferme, cuites à la vapeur, la veille | sel | noix de muscade | poivre | 1 cs beurre à frire

1 Peler les pommes de terre et les râper grossièrement. Assaisonner.
2 Faire revenir l'oignon dans le beurre, ajouter les pommes de terre râpées et les mélanger avec les oignons. Les retourner de temps en temps pour les faire rôtir régulièrement. Former une grande galette dans la poêle et la faire rôtir quelques minutes. La retourner sur une assiette. Pour faire rôtir l'autre face bien dorée, donner le reste du beurre dans la poêle et y faire glisser la galette. On peut également préparer 4 petites galettes.

3 tbsp butter | 1 medium onion, finely chopped | 600 g firm cooking potatoes with skin | salt | nutmeg, pepper | 1 tbsp butter

1 Cook potatoes with skin and leave for 1 day.
2 Peel potatoes, coarsely grate, season.
3 Lightly braise onions in cooking fat, add potatoes, mix. Keep stirring with wooden spoon, in order to fry the potatoes evenly. Form now a big cake, and fry on medium heat for few minutes, turn, add rest of butter around edge, fry on medium heat until crispy. Or separate the prefried potatoes in 4 portions and fry in 4 small cakes.

EMMENTALER LAMMVORESSEN

– BLANQUETTE D'AGNEAU D'EMMENTAL | LAMB DISH FROM EMMENTAL –

700 g Lammragout | 400 ml Fleischbrühe | 2 Lorbeerblätter | 3 Nelken | 2 kleine Zwiebeln, halbiert | 2 Karotten, geschält, längs halbiert | 2–3 EL Mehl | 150 ml Weißwein | Salz | Pfeffer | Safran | Muskatnuss | 100 ml Rahm/Sahne | 20 g Butter | 1 Eigelb

1 Fleischbrühe erhitzen, Fleisch, Lorbeerblätter, Nelken, Zwiebeln und Karotten zufügen, aufkochen, bei schwacher Hitze 60 bis 70 Minuten köcheln lassen, in ein Sieb abgießen, Brühe auffangen.

2 Brühe in die Pfanne zurückgießen. Mehl mit Wein glatt rühren, zufügen, unter Rühren sämig einkochen lassen, würzen.

3 Fleisch, Zwiebeln und Karotten zufügen, aufkochen. Rahm, Butter und Eigelb unterrühren, erhitzen, nicht mehr kochen.

Tipp Mit Kartoffelstock/-püree servieren.

700 g de ragoût d'agneau | 4 dl de bouillon de légumes | 2 feuilles de laurier | 3 clous de girofle | 2 petits oignons coupés en deux | 2 carottes pelées, coupées dans le sens de la longueur | 2–3 cs de farine | 1,5 dl de vin blanc | sel | poivre | safran | noix de muscade | 1 dl de crème entière | 20 g de beurre | 1 jaune d'œuf

1 Porter le bouillon de légumes à ébullition et ajouter la viande, les feuilles de laurier, les clous de girofle, les oignons et les carottes. Faire mijoter 60 à 70 minutes. Passer et récupérer le jus.

2 Verser le jus dans la casserole et y ajouter la farine mélangée au vin blanc. Réduire en remuant et assaisonner. Ajouter la viande, les carottes et les oignons. Chauffer et ajouter la crème, le beurre et le jaune d'œuf. Ne plus faire cuire.

Conseil Servir avec de la purée de pommes de terre.

700 g lamb ragout | 400 ml meat stock | 2 bay leaves | 3 cloves | 2 small onions, halved | 2 carrots, peeled, halved lengthwise | 2–3 tbsp flour | 150 ml white wine | salt, pepper, saffron | nutmeg | 100 ml cream | 20 g butter | 1 egg yolk

1 Heat up meat stock, add lamb ragout, bay leaves, cloves, peeled onions, carrots, bring to the boil, cook on low heat for 60 to 70 minutes, drain off liquid, collect stock.

2 Pour stock back into pan, add flour blended with white wine, reduce until creamy, season. Add meat, onions and carrots, heat up. Stir in cream, butter and egg yolk. Do not boil.

Tip Serve with mashed potatoes.

BERNER PLATTE

– PLAT BERNOIS | BERNESE PLATTER –

für 6–8 Personen 2½ l Wasser | 1 besteckte Zwiebel (Loorbeerblatt, Nelken) | 1 Karotte, in Scheiben | ¼ Knollensellerie, gewürfelt | 1–2 EL Salz | 1 kleine Rindszunge (1 kg), über Nacht in Wasser eingelegt | 500 g Suppenfleisch vom Rind | 1 EL Olivenöl extra vergine | 1 Zwiebel, fein gewürfelt | 200 g Dörrbohnen, über Nacht in Wasser eingeweicht | 250 g geräucherter Speck | ½ l Fleischbrühe | 1 kleine Zungenwurst

1. Wasser mit Gemüse und Salz aufkochen, Rindszunge und Rindfleisch zufügen, etwa 90 Minuten bei schwacher Hitze kochen lassen.
2. Zwiebeln im Olivenöl andünsten, abgetropfte Bohnen zufügen, mitdünsten. Speck und ½ l Brühe aus dem Fleischtopf zufügen, bei schwacher Hitze 50 Minuten köcheln. Die Zungenwurst zufügen, nochmals 30 Minuten köcheln lassen.
3. Rindszunge schälen und in Scheiben schneiden, Suppenfleisch, Speck und Wurst ebenfalls in Scheiben schneiden, mit den Dörrbohnen anrichten.

Tipp Mit Dampfkartoffeln servieren.

pour 6–8 personnes 2,5 l d'eau | 1 oignon avec feuille de laurier et clous de girofle | 1 carotte en rondelles | ¼ de céleri, en petits cubes | 1 à 2 cc de sel | 1 petite langue de bœuf crue (1 kg), mettre tremper durant la nuit | 500 g de bœuf pour pot-au-feu | 1 cs d'huile d'olive vierge extra | 1 oignon haché fin | 200 g de haricots verts secs, trempés dans l'eau durant la nuit | 250 g de lard fumé | ½ l de bouillon de viande | 1 petit saucisson à cuire

1. Porter à ébullition l'eau, les légumes et le sel, ajouter la langue et la viande. Faire mijoter 1½ heure.
2. Faire revenir les oignons dans l'huile d'olive dans une casserole, ajouter les haricots secs égouttés, faire revenir encore. Ajouter le lard et 5 dl de bouillon. Faire mijoter 50 minutes. Ajouter le saucisson, faire mijoter encore 30 minutes.
3. Peler la langue de bœuf et la couper en tranches, de même que le lard, le saucisson et le bouilli.

Conseil Servir avec des pommes de terre à la vapeur.

for 6–8 persons 2,5 l water | 1 garnished onion (bay leaf, clove) | 1 carrot, in slices | ¼ cellery, cubed | 1–2 tbsp salt | 1 small beef tongue (1 kg), soaked in water over night | 500 g Beef Stewing Steak | 1 tbsp extra virgin olive oil | 1 onion, finely chopped | 200 g dried haricots, soaked over night | 250 g smoked bacon | ½ l meat stock | 1 tongue sausage

1. Bring water, vegetables and salt to the boil, add beef tongue and stewing steak, cook on low heat for 1½ hours.
2. For dried haricots, lightly braise onions in olive oil, add drained dried haricots, lightly braise. Add bacon and ½ l stock out of stew pot, simmer on low heat for 50 minutes. Add tongue sausage, cook for another 30 minutes.
3. Peel tongue and cut in slices, also cut beef, bacon and tongue sausage into slices, serve with dried haricots.

Tip Serve with boiled potatoes.

MERINGUES MIT ERDBEEREN

– MERINGUES CHANTILLY AUX FRAISES | MERINGUES WITH STRAWBERRIES –

Meringues: 4 Eiweiß | 200 g Zucker | **Füllung:** 400 g Erdbeeren | 1–2 EL Zucker | 300 ml Schlagrahm/-sahne

1. Eiweiß zu leichtem Schnee schlagen, mit Küchenmaschine oder Handmixer. Zucker einrieseln lassen, etwa 10 Minuten weiterschlagen.
2. Backofen auf 100 °C vorheizen.
3. Eischnee in einen Spritzbeuel mit großer, flacher Tülle füllen und beliebige Formen auf ein mit Backpapier belegtes Blech spritzen.
4. Meringues im vorgeheizten Ofen bei 100 °C und bei leicht geöffneter Backofentür (einen Holzlöffel einklemmen) rund 1 Stunde trocknen lassen.
5. Erdbeeren je nach Größe ganz lassen, halbieren oder vierteln. Zucker darüberstreuen, 15 Minuten marinieren.
6. Meringues mit steif geschlagenem Rahm und Erdbeeren füllen.

Meringues: 4 blancs d'œuf | 200 g de sucre | **Farce:** 400 g de fraises | 1–2 cs de sucre | 3 dl de crème fouettée

1. Battre les blancs d'œufs en neige, ajouter le sucre en pluie, battre encore 10 minutes (au mixer).
2. Préchauffer le four à 100 °C.
3. Verser la neige dans un sac à douille (muni d'une douille plate) et presser des formes selon goût sur une plaque à gâteau recouverte de papier sulfurisé.
4. Faire cuire les meringues dans le four, 60 minutes à 100 °C, la porte du four entrouverte (y coincer une cuiller en bois).
5. Couper les fraises selon la taille et les poudrer de sucre. Laisser reposer 15 minutes.
6. Sur les assiettes, disposer les coques de meringue, garnir avec les fraises et la crème fouettée.

Meringues: 4 egg whites | 200 g sugar | **Filling:** 400 g strawberries | 1–2 tbsp sugar | 300 ml whipped cream

1. Beat the egg whites until fluffy, slowly add sugar and beat for another 10 minutes.
2. Preheat oven to 100 °C.
3. Fill the beaten egg white in a piping bag with big, flat spout and pipe desired shape onto baking paper on baking tray.
4. Leave meringues to dry in preheated oven at 100 °C and slightly open door (clamp wooden spoon) for approx. 1 hour.
5. Depending on size, leave strawberries whole, half or quarter them. Sprinkle with sugar, marinate for 15 minutes.
6. Fill meringues with whipped cream and strawberries.

WALLIS

– LE VALAIS –

Auch das Wallis gehört zur Südschweiz. Mit dem weiten Rhonetal und den zahlreichen Seitentälern zählt es zu den wärmsten und aber auch niederschlagsärmsten Gebieten der Schweiz. Der legendäre Kurort Zermatt mit dem Matterhorn ist weltberühmt.

Doch das Wallis hat noch mehr Trümpfe. Es verfügt über viele schneesichere Wintersportorte. Im Sommer hat es auch für Wanderer und Bergsteiger attraktive Ziele. Unweit der Alpweiden wird Raclettekäse aus würziger Kuhmilch hergestellt. Traditionellerweise wird der ganze Käselaib über das Holzfeuer gehalten und der jeweils geschmolzene Käse mit einem Spachtel abgeschabt. Mit Gschwellti und würzigen Beilagen serviert, ist und bleibt das Walliser Raclette das romantische Alphütten-Essen. Das vom Klima verwöhnte Rhonetal gilt als sehr fruchtbarer Landstrich, wo an sonnenexponierten Hängen mit Erfolg Wein angebaut wird und ertragsreiche Gemüse- und Obstkulturen gedeihen. Im Frühling werden der erste Spargel und im Sommer die ersten Aprikosen und Tomaten geerntet.

Du point de vue climatique, le Valais fait également partie de la Suisse méridionale. Avec la large vallée du Rhône et ses nombreuses vallées latérales, cette région l'est une des plus chaudes et des plus pauvres en précipitations de Suisse. Zermatt avec le Matterhorn sont mondialement connu.

Mais le Valais cache bien d'autres atouts encore. Nombreuses sont les stations bien enneigées pour les sports d'hiver. En été, les randonneurs et alpinistes peuvent s'en donner à cœur joie. Sur les alpages, on produit le fromage à raclette à partir de lait de vache. Pour la raclette, la moitié d'une meule de fromage est placée devant un feu de bois. Une fois le dessus du fromage fondu, il est raclé sur l'assiette. Servi avec des pommes en robe des champs et des cornichons, la raclette reste le plat typique des cabanes de montagne valaisannes. La vallée du Rhône est gâtée par le climat. Dans cette région fertile, on cultive avec grand succès d'excellents vins sur les coteaux exposés au soleil. Dans la vallée, les cultures maraîchères et de fruits s'étendent à perte de vue. Au printemps, on y récolte les premières asperges et en été les premiers abricots et les premières tomates.

Also part of southern Switzerland is the Valais, with the valley of the river Rhone and numerous side valleys, one of the warmest and driest areas of Switzerland. And the legendary health resort of Zermatt with the world-famous Matterhorn!

These are not the only trumps though! There are still many more winter sport stations where snow is assured in winter and offer an attractive destination for hiking and mountain climbing in summer. The Raclette cheese made out of cow milk is melted on the open fire and scraped of the cheese loaf and is produced here on the alpine pastures. Served with jacket potatoes and spicy side dishes, Raclette of the Valais is the romantic alpine hut snack. The valley of the river Rhone is spoilt with its climate and is an extremely fertile area that successfully cultivates wine, extra rich vegetables and fruit on its sunny banks. In spring, the first asparagus, and in summer, the first apricots and tomatoes are harvested.

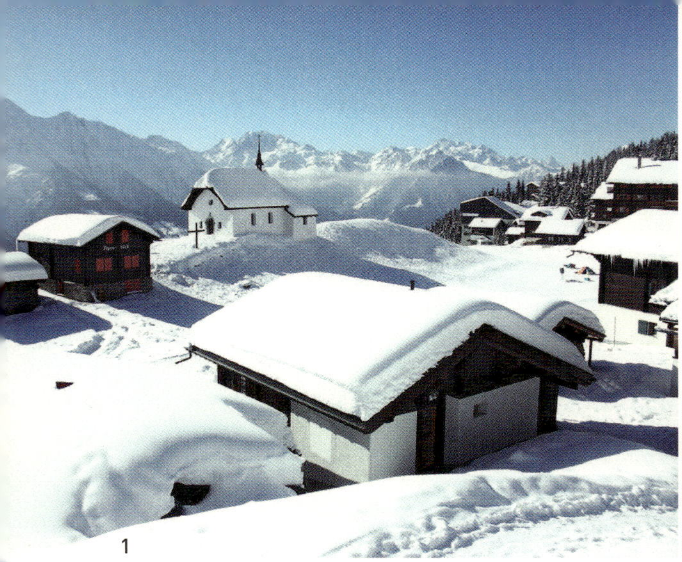

1

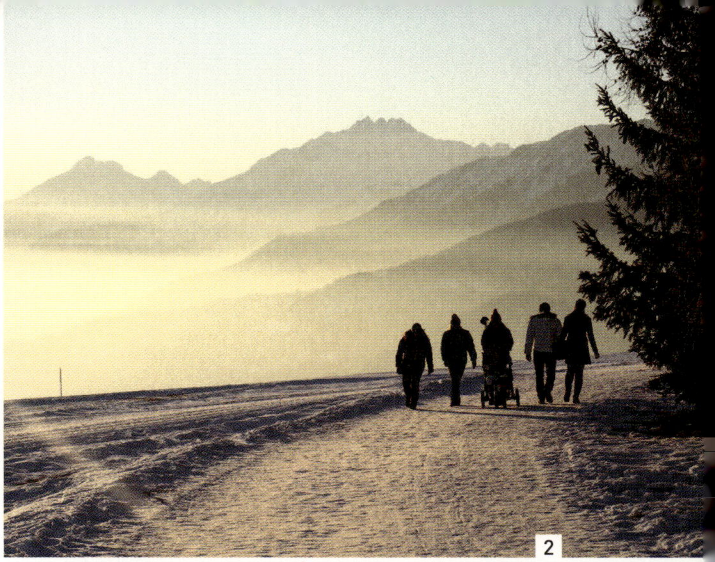

2

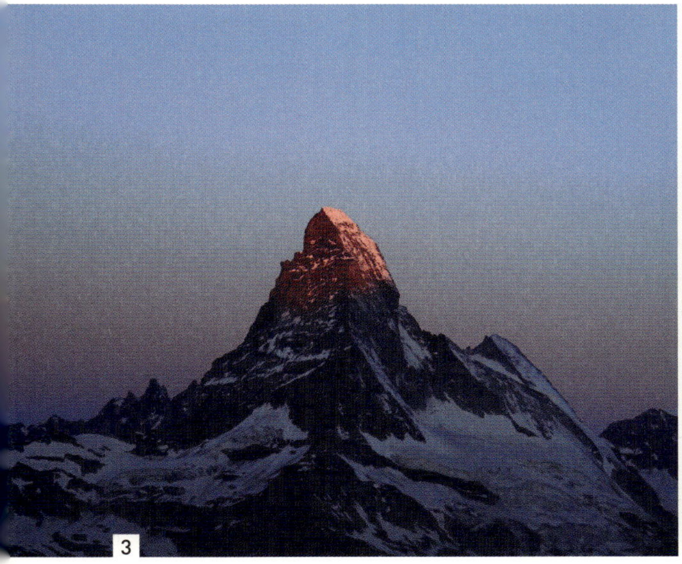

3

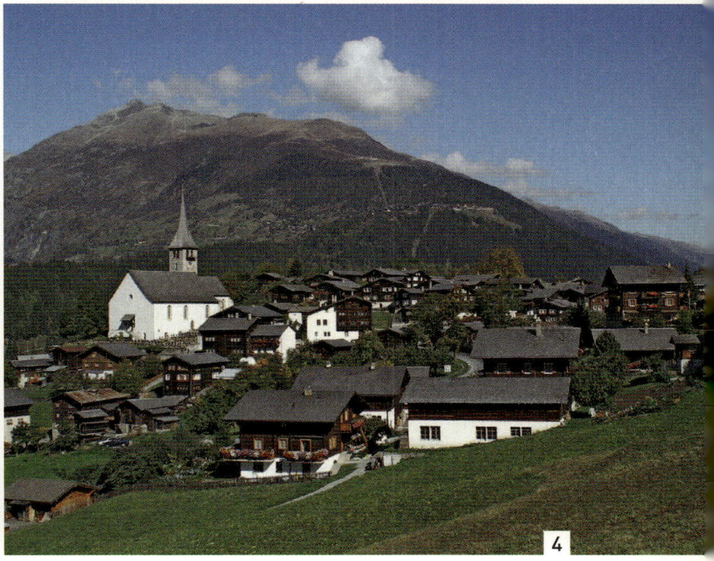

4

1 Bettmerarlp | 2 Crans Montana | 3 Zermatt, Matterhorn | 4 Ernen | 5 Nendaz

5

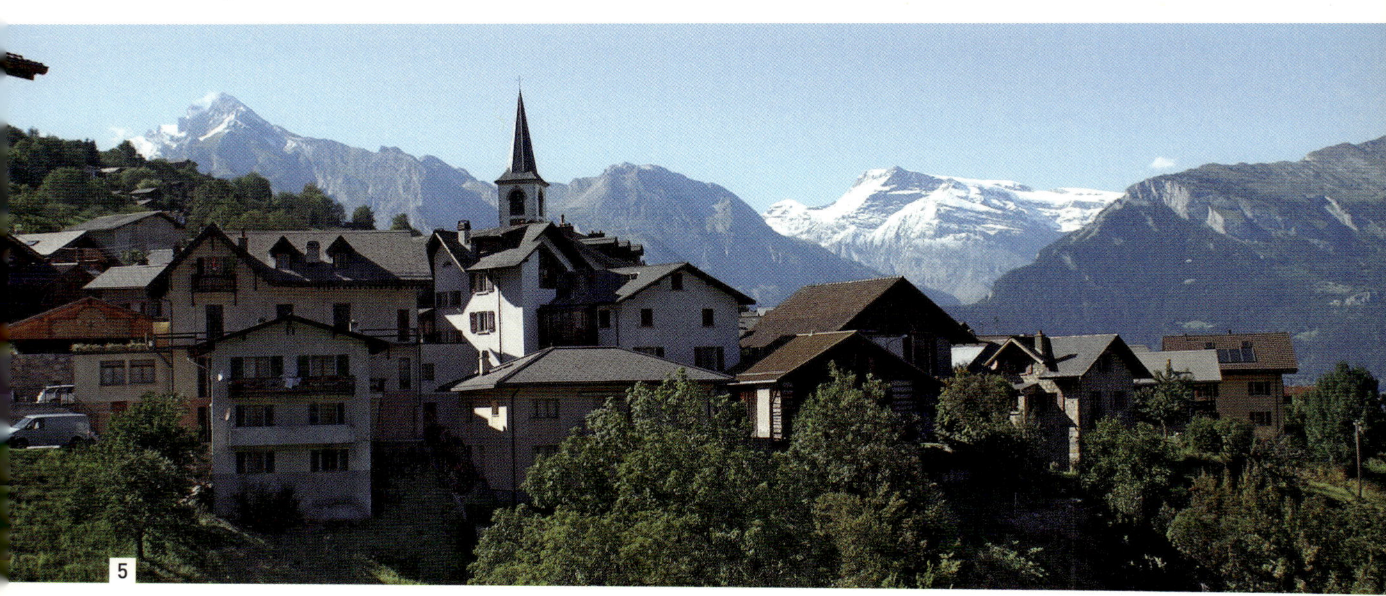

KARTOFFELGRATIN MIT TOMATEN

– GRATIN DE POMMES DE TERRE ET DE TOMATES | POTATO-TOMATO BAKE –

600–800 g fest kochende Kartoffeln | 4 Tomaten | 2 mittelgroße Zwiebeln, fein gewürfelt | 1 Bund Majoran, Blättchen abgezupft | Salz | Pfeffer | 300 ml Gemüsebrühe | 200 ml Weißwein | 100 g reifer Walliser Käse

1. Kartoffeln schälen und klein würfeln. Tomaten in Schnitze schneiden.
2. Backofen auf 200 °C vorheizen.
3. Gratinform einfetten. Zwiebeln auf den Boden streuen, Kartoffeln in die Form verteilen, mit Majoran, Salz und Pfeffer würzen. Mit den Tomaten belegen, nochmals würzen. Gemüsebrühe und Weißwein darübergießen.
4. Gratin in der Mitte in den Ofen schieben, bei 200 °C 40 Minuten backen. Walliser Käse auf der Röstiraffel reiben, 10 Minuten vor Ende der Backzeit über das Gratin streuen.

600 à 800 g de pommes de terre à chair ferme | 4 tomates | 2 oignons moyens, hachés fin | 1 bouquet de marjolaine, seulement les feuilles | sel | poivre | 3 dl de bouillon de légumes | 2 dl de vin blanc | 100 g de fromage salé du Valais

1. Peler les pommes de terre, les couper en dés. Débiter les tomates en quartiers.
2. Préchauffer le four à 200 °C.
3. Bien graisser un plat à gratin. Disposer les oignons, puis les pommes de terre dans le plat, saupoudrer de marjolaine. Saler et poivrer. Recouvrir avec les quartiers de tomates, les assaisonner, puis ajouter le bouillon et le vin blanc.
4. Faire cuire le gratin de pommes de terre au milieu du four, 40 minutes à 200 °C. Râper grossièrement le fromage et en parsemer le gratin après 30 minutes de cuisson.

600–800 g firm cooking potatoes | 4 tomatoes | 2 medium sized onions, finely chopped | 1 bunch marjoram, only leaves | salt | pepper | 300 ml vegetable stock | 200 ml white wine | 100 g ripe cheese from Valais

1. Peel potatoes and cut them into small cubes. Cut tomatoes into slices.
2. Preheat oven at 200 °C.
3. Grease baking dish well. Layer all onions then potatoes into dish, season with salt, marjoram and pepper. Cover with tomatoes, season again. Pour over with vegetable stock and white wine.
4. Put bake in middle of oven, bake for 40 minutes at 200 °C. Grate cheese coarsely and sprinkle over bake about 10 minutes before end of baking time.

LÖTSCHENTALER KÄSEKÜCHLEIN

– GALETTES AU FROMAGE DU LÖTSCHENTAL | CHEESE CAKES FROM LÖTSCHENTAL –

400g Alpkäse | 2EL scharfer Senf | 2EL Mehl | **Teig:** 2 Eier | 50–100ml Milch | 100g Weißmehl | 1 Prise Kräutersalz | Thymianblättchen | 1 Bund Schnittlauch, fein geschnitten | Rapsöl

1 Für den Teig Eier und Milch verquirlen, Mehl und Kräutersalz unterrühren. Teig 30 Minuten zugedeckt quellen lassen. Kräuter unterrühren.

2 Alpkäse in 3 bis 5mm dicke Scheiben schneiden, dünn mit Senf bestreichen, mit Mehl bestäuben.

3 In einer Bratpfanne wenig Rapsöl erhitzen. Käsescheiben durch den Teig ziehen, im Öl bei mittlerer Hitze beidseitig braten.

Tipp Mit einem Lauchgemüse servieren. 2El Rosinen mit 100ml kochendem Weißwein übergießen, rund 5 Minuten quellen lassen. Lauch putzen, längs aufschneiden, in feine Streifen schneiden. Lauch in einem Esslöffel Butter andünsten, Rosinen und Weißwein zufügen, Gemüse knackig dünsten, mit Kräutersalz und Pfeffer würzen.

400g de fromage d'alpage | 2cs de moutarde forte | 2cs de farine | **Pâte:** 2 œufs | ½–1 dl de lait | 100g de farine blanche | 1 pc de sel aromatisé | feuilles de thym | 1 botte de ciboulette finement ciselée | huile pour frire

1 Pour la pâte, battre les œufs et le lait et incorporer la farine et le sel. Laisser reposer durant 30 minutes à couvert. Ajouter les fines herbes.

2 Débiter le fromage d'alpage en tranches de 3mm à 5mm d'épaisseur, couvrir de moutarde et saupoudrer de farine. Tremper les tranches dans la pâte et les faire frire des deux côtés dans l'huile chaude.

Conseil Servir avec des poireaux. Verser 1dl de vin blanc bouillant sur 2cs de raisins secs. Laisser gonfler 5 minutes. Laver les poireaux et les couper en lanières. Faire revenir le légume dans de l'huile d'olive. Ajouter les raisins, saler et poivrer.

400g alpine cheese | 2tbsp hot mustard | 2tbsp flour | **Batter**: 2 eggs | 50–100ml milk | 100g white flour | 1 pinch herbal salt | fresh thyme | 1 bunch chives, finely cut | rape seed oil

1 For batter, whisk eggs with milk, mix in white flour and herbal salt. Leave to rise for 30 minutes, covered. Mix in herbs.

2 Cut the alpine cheese in 3 to 5mm thick slices, coat thinly with mustard and dust with flour.

3 Heat oil in frying pan. Pull cheese slices through batter, fry on both sides on medium heat.

Tipp Serve with leek. Pour 100ml boiling white wine over 2tbsp raisins, leave to swell for 5 minutes. Clean leek and cut lengthwise in strips. Lightly braise leek in olive oil, add raisins and white wine, braise lightly until crunchy, season with herbal salt and pepper.

APRIKOSEN AN WEINSCHAUMSAUCE

– ABRICOTS AVEC MOUSSE AU VIN BLANC | APRICOTS ON WHITE WINE MOUSSE –

1 kg sonnengereifte Aprikosen | ½ l Wasser | 3 EL Zucker | ½ Vanilleschote | **Schaumsauce:** 200 ml Malvoisie/weißer Dessertwein | 2 Eier und 1 Eigelb | 2 EL Zucker

1. Wasser, Zucker und aufgeschlitzte Vanilleschote in einem weiten Kochtopf bei starker Hitze sirupartig einkochen lassen, Vanillemark abstreifen, zum Fond geben.
2. Aprikosen halbieren und entsteinen, Stielansatz wegschneiden, Aprikosenhälften nebeneinander in den Sirup legen, bei schwacher Hitze pochieren, d.h. knapp weich kochen. Früchte im Sirup erkalten lassen.
3. Malvoisie, Eier, Eigelb und Zucker in eine Schüssel geben, über dem heißen Wasserbad (Pfanne nur mit soviel Wasser füllen, dass die Schüssel nicht mit dem Wasser in Kontakt kommt) mit dem Schneebesen zu einer schaumigen Masse aufschlagen.
4. Aprikosen anrichten und mit der Weinschaumsauce umgießen.

1 kg d'abricots bien mûrs | ½ l d'eau | 3 cs de sucre | ½ gousse de vanille | **Mousse au vin blanc:** 2 dl de Malvoisie (ou autre vin blanc de dessert) | 2 œufs et 1 jaune d'œuf | 2 cs de sucre

1. Dans une grande marmite, porter à ébullition l'eau, le sucre et la gousse de vanille coupée dans le sens de la longueur. A feu vif, faire évaporer l'eau pour obtenir un liquide sirupeux. Gratter la moelle de la gousse de vanille dans le liquide et éliminer la gousse.
2. Couper les abricots en deux et retirer le noyau. Placer les abricots l'un à côté de l'autre dans le sirop. Les pocher à feux doux. Ils doivent rester fermes. Laisser refroidir les fruits dans le sirop.
3. Verser le Malvoisie, les œufs, le jaune et le sucre dans une jatte et battre au fouet, dans un bain-marie, jusqu'à obtention d'une mousse.
4. Disposer les abricots sur les assiettes et les napper de mousse au vin.

1 kg sun ripe apricots | ½ l water | 3 tbsp sugar | ½ vanilla pod | **White wine mousse:** 200 ml Malvoisie/white dessert wine | 2 eggs and 1 egg yolk | 2 tbsp sugar

1. Reduce water, sugar and opened vanilla pod on high heat in wide sauce pan, to syrup consistency, scrap out pulp of vanilla pod and add to juice.
2. Halve apricots, remove stones, cut off stem base, lie apricots next to each other in syrup, poach on low heat, i.e. nearly soft consistency. Cool.
3. Give Malvoisie, eggs, egg yolk and sugar into bowl, whisk to foamy consistency in bain-marie (only fill pan up with water up to a level that bowl does not get in contact with water).
4. Serve poached apricots surrounded with white wine mousse.

ROMANDIE

– FRIBOURG | JURA | NEUCHÂTEL | VAUD | GENÈVE –

Die Ufer des Genfersees, von Weinbergen gesäumt, welche die Hänge überziehen – ist eines von vielen pittoresken Bildern der Romandie. Und im Westen befinden sich die langen Jurazüge, wo nicht nur Rinder, sondern auch Pferde weiden.

Das kulinarische Repertoire der Westschweiz, des französisch sprechenden Teils der Schweiz, spiegelt die seit Generationen überlieferte Kochtradition: Für die Gerichte werden Gemüse, Käse, Fleisch, Fisch und natürlich Wein verwendet, der oft vor der Haustür wächst. Gratins mochten die Romands schon immer, und zur Hochform sind sie buchstäblich mit dem Ramequin aufgelaufen. Das berühmteste Käsegericht in der Romandie dürfte jedoch das Fondue sein, für das verschiedene Käsesorten in einem Pfännchen über offener Flamme mit Weißwein gschmolzen und mit Brot aufgetunkt wird. Ein eigentlich einfacher, aber außergewöhnlicher Genuss! Erwähnen sollte man auch den Papet Vaudois, ein Eintopf mit würziger Brühwurst, Lauch und Kartoffeln, oder das Neuenburger Zanderfilet, das von einer delikaten Weinsauce begleitet wird.

Les côtes du lac Léman, couvertes de vignoble, sont une des images pittoresques de la Romandie. Le nord-ouest est délimité par la chaîne du Jura avec ses pâturages pour les bovins et les chevaux.

Le fond culinaire de la partie française de la Suisse reflète la tradition séculaire de la cuisine transmise de génération en génération: des mets composés de légumes, de fromage, de viande et de poisson. Et de vin bien sûr, puisqu'il se cultive devant la porte. Les gratins sont des plats favoris depuis longtemps, dépassés encore par les ramequins aux compositions diverses. Le plat romand au fromage le plus célèbre est la fondue. Une préparation à base de fromages de diverses régions et de vin blanc, fondus dans un caquelon sur la flamme. Chacun trempe son pain dans la fondue et savoure. Simple en fait, mais tout un art – un délice! N'oublions pas le papet vaudois, une préparation de poireaux accompagnée du traditionnel saucisson et de pommes de terre ou les filets de sandre à la neuchâteloise avec une sauce au vin blanc raffinée.

One of the many picturesque sceneries of the Romandie are the banks of the lake of Geneva, lined with vineyards covering the slopes. In the west, the long mountain ranges of the Jura where not only cows but also horses graze.

The culinary fund of Western Switzerland, which is the French speaking part of Switzerland, reflects also here the cooking traditions handed down over generations: dishes for which vegetables, cheese, meat, fish and of course wine, which often grows on the doorstep, are used. Gratins (oven browned dishes) have always been the taste of the Romand, and to bring it to a climax, they have literally made it rise with the Ramequins, a savoury oven baked dish in single portions, with various ingredients, always baked in the oven. The most famous cheese dish of the Romand is the Fondue, in which different types of cheese are melted with white wine in a little pan over an open flame, then bread is dipped into the mixture. A simple, but definitely out of the ordinary delight! One should also not forget the Papet Vaudois, spicy sausages served with leek and potatoes, to which a little bit of wine is added, or the Pike-perch fillet from Neuchâtel, accompanied by a delicate wine sauce.

1 Lac de Neuchâtel, lac de Môrat | 2 Gryon (VD) | 3 Genève, Jet d'Eau | 4 Fribourg | 5 Les Rouges Terres (JU)

CRÈME DE POIREAUX

– LAUCHCREMESUPPE | LEEK SOUP –

250 g Lauch | 1–2 EL Olivenöl extra vergine | 600 ml Gemüsebrühe | 150 ml Weißwein | 1 Lorbeerblatt | Estragon | Salz | Pfeffer | 100 ml Rahm/ Sahne | Estragon für die Garnitur

1. Lauch putzen und in Streifen schneiden, im Öl andünsten. Mit Gemüsebrühe und Weißwein ablöschen, erhitzen. Lorbeer zufügen, gut würzen, bei schwacher Hitze 15 Minuten kochen lassen.
2. Lorbeerblatt entfernen. Lauchsuppe fein pürieren, eventuell durch ein Sieb streichen. Nochmals aufkochen, nach Belieben mit Mehlbutter (gleiche Menge Butter und Mehl verkneten) binden, die man krümelig zur Suppe reibt. Abschmecken.
3. Lauchsuppe in vorgewärmten Tellern oder Tassen anrichten. Mit Schlagrahmhäubchen und Estragonblättchen garnieren.

250 g de poireaux | 1–2 cs d'huile d'olive vierge extra | 6 dl de bouillon de légumes | 1,5 dl de vin blanc | 1 feuille de laurier | estragon | sel | poivre | 1 dl de crème entière | feuilles d'estragon pour la décoration

1. Nettoyer les poireaux, les couper en fines lanières et les faire revenir dans l'huile d'olive. Ajouter le vin blanc et le bouillon de légumes et porter à ébullition. Ajouter le laurier et faire mijoter durant 15 minutes.
2. Retirer la feuille de laurier. Mixer le potage, éventuellement le passer. Le porter à ébullition, le lier, selon goût, avec une boule de beurre manié que l'on effrite dans le potage en remuant. Corriger l'assaisonnement.
3. Servir le crème de poireaux dans des assiettes ou des tasses chaudes; décorer avec une portion de crème fouettée et des feuilles d'estragon.

250 g leeks | 1–2 tbsp extra virgin olive oil | 600 ml vegetable stock | 150 ml white wine | 1 bay leaf | tarragon | salt | pepper | 100 g cream | tarragon to garnish

1. Clean leeks and cut into strips, lightly braise in olive oil. Pour in vegetable stock and white wine, bring to the boil. Add bay leaf, season, simmer for 15 minutes on low heat.
2. Remove bay leaf. Mash leek soup, if needed press through a sieve. Heat up once again, if desired bind with flour/ butter (same quantity of butter and flour kneaded together) that one crumbles into soup. Season.
3. Serve leek soup in preheated plates or cups. Garnish with a knob of whipped cream and tarragon leaves.

FONDUE MOITIÉ-MOITIÉ

– FONDUE HALF AND HALF –

500 g Ruchbrot | 4 Knoblauchzehen | 400 ml Weißwein | 1 EL Maisstärke | 400 g reifer Gruyère | 400 g Freiburger Vacherin | 1 kleines Glas Kirsch (40 ml) | schwarzer Pfeffer

1 Brot in 2 cm dicke Scheiben schneiden. Knoblauchzehen schälen, 2 der Zehen halbieren, den Rest fein würfeln. Gruyère auf der Röstiraffel reiben. Freiburger Vacherin in 5 mm große Würfelchen schneiden. Maisstärke mit Kirsch glatt rühren.
2 Boden des Caquelon mit den halbierten Knoblauchzehen einreiben. Weißwein zufügen und erhitzen. Käse und fein gehackten Knoblauch zufügen, Masse unter Rühren bei mittlerer Hitze langsam schmelzen, Kirsch zufügen, weiterrühren, bis das Fondue eine sämige Konsistenz hat. Mit Pfeffer abschmecken.
3 Servieren: Das Fondue am Tisch auf einem Rechaud köcheln lassen. Brotscheiben in Stücke brechen. Damit die Kruste nicht anbrennt und bitter wird, mit dem eingetauchten Brot auch auf dem Pfannenboden rühren.

500 g de pain mi-blanc | 4 gousses d'ail | 4 dl de vin blanc | 1 cs d'amidon de maïs | 400 g de Gruyère salé | 400 g de vacherin fribourgeois | 40 ml de kirsch | poivre noir

1 Couper le pain en tranches de 2 cm d'épaisseur. Peler les ails. Râper grossièrement le Gruyère. Couper le Vacherin fribourgeois en dès de 5 mm. Dans un verre, verser le Kirsch sur l'amidon de maïs et bien remuer.
2 Bien frotter l'intérieur du caquelon avec deux gousses d'ail en deux, puis hacher les autres gousses d'ail. Verser le vin dans le caquelon et le porter à ébullition. Ajouter l'ail et le fromage et remuer pour le faire fondre. Ajouter le Kirsch et remuer encore jusqu'à obtention d'une fondue homogène. Poivrer.
3 Pour servir, placer le caquelon sur un réchaud pour faire mijoter constamment la fondue. Les convives cassent leurs morceaux de pain et les trempent dans la fondue en remuant aussi le fond du caquelon (pour éviter que le fromage brûle au fond).

500 g half white bread, in 2 cm thick slices | 4 cloves of garlic | 400 ml white wine | 1 tbsp cornflour | 400 g ripe Gruyère | 400 g Vacherin cheese from Fribourg | 40 ml Kirsch | black pepper

1 Peel cloves of garlic. Coarsely grate Gruyère. Cut Vacherin cheese into 5 mm small cubes. Pour Kirsch and cornflour into a glass and dilute.
2 Rub out well inside of caquelon with two cloves of garlic. Coarsely chop the other cloves of garlic. Bring wine to the boil in caquelon. Add garlic and cheese, melt cheese stirring continuously. Add Kirsch and stir until Fondue is homogeneous. Season with pepper.
3 Serve: Fondue simmering on rechaud on table. Everyone breaks of a piece of bread and dips it into the Fondue. Whilst doing so, one should stir also on the base of the caquelon to avoid it burning.

PAPET VAUDOIS

– LAUCHEINTOPF | LEEK STEW WITH SAUSAGE –

2 EL Olivenöl extra vergine | 800 g Lauch | 500 g fest kochende Kartoffeln | 100 ml Weißwein | 150 ml Gemüsebrühe | Salz | Pfeffer | ca. 600 g Waadtländer Saucisson oder andere Brühwürste

1 Lauch putzen und je nach Größe längs halbieren, in 3 cm lange Stücke schneiden. Kartoffeln schälen und in 2 cm große Würfel schneiden.
2 Lauch im Olivenöl unter Rühren ein paar Minuten dünsten. Kartoffeln zufügen, mit dem Weißwein und der Gemüsebrühe ablöschen, etwa 10 Minuten köcheln lassen, würzen. Saucissons auf den Lauch und die Kartoffeln legen, Eintopf bei schwacher Hitze 30 Minuten zugedeckt köcheln lassen.

2 cs d'huile d'olive vierge extra | 800 g de poireaux | 500 g de pommes de terre à chair ferme | 1 dl de vin blanc | 1,5 dl de bouillon de légumes | sel | poivre | environ 600 g de saucisson vaudois (ou autre saucisson à cuire)

1 Nettoyer les poireaux, selon la grandeur, les couper en deux dans le sens de la longueur, puis en tronçons de 3 cm. Peler les pommes de terre et les débiter en cubes de 2 cm.
2 Faire revenir les poireaux quelques minutes dans l'huile. Ajouter les pommes de terre, le vin blanc, puis le bouillon de légumes, faire mijoter durant 10 minutes. Assaisonner. Puis déposer le saucisson sur les légumes et faire mijoter durant 30 minutes à couvert.

2 tbsp extra virgin olive oil | 800 g leeks | 500 g firm cooking potatoes | 100 ml white wine | 150 ml vegetable stock | salt | pepper | approx. 600 g sausage de Waadtland or other sausage for boiling

1 Clean leeks, then half if necessary, cut into pieces 3 cm in length. Peel potatoes cut into 2 cm cubes.
2 Lightly braise leeks in olive oil for few minutes whilst stirring. Add potatoes, pour on white wine and vegetable stock, simmer for 10 minutes, season. Lie sausages on top and simmer, covered on low heat for 30 minutes.

TARTE AU RAISINÉ

– TRAUBENSAFTKUCHEN | WHITE GRAPE JUICE CAKE –

für ein hohe Form von 28–30 cm Ø 400 g geriebener Teig oder Kuchenteig | 1 l weißer Traubensaft | 150 ml Milch | 200 ml Rahm/Sahne | 2–3 EL Mehl | 1 EL Butter | 2 Eier, verquirlt | 1 EL Zucker

1. Teig auf Formgröße ausrollen, in die mit Butter eingefettete Form legen. Kühl stellen.
2. Traubensaft auf etwa 150 ml einkochen lassen, beiseite stellen.
3. Milch, Rahm und Mehl in einer Pfanne glatt rühren, unter Rühren erhitzen, Butter unterrühren, auskühlen lassen.
4. Eingedickter Traubensaft zusammen mit Eiern und Zucker unter die Milch-Rahm-Flüssigkeit rühren, auf den Teigboden gießen.
5. Tarte au raisiné in der Mitte in den auf 200 °C vorgeheizten Ofen schieben, 35 bis 40 Minuten backen.

pour une plaque de 28–30 cm Ø 400 g de pâte brisée | 1 litre de jus de raisin blanc | 1,5 dl de lait | 2 dl de crème entière | 2–3 cs de farine | 1 cs de beurre | 2 œufs battus | 1 cs de sucre

1. Abaisser la pâte à la grandeur nécessaire, la déposer sur la plaque graissée. Mettre au frais.
2. Pour le raisiné, faire réduire le jus de raisin à 150 ml et le mettre de côté.
3. Bien remuer le lait, la crème et la farine dans une casserole et faire chauffer en continuant de remuer. Ajouter le beurre, remuer, puis laisser refroidir.
4. Préchauffer le four à 200 °C. Incorporer le raisiné au mélange lait, crème, farine et beurre et même temps que les œufs et le sucre. Verser la masse sur la pâte.
5. Faire cuire la tarte au milieu du four, 35 à 40 minutes à 200 °C.

For a high cake tin of 28–30 cm Ø 400 g short crust pastry or cake pastry (Kuchenteig) | 1 l white grape juice | 150 ml milk | 200 ml cream | 2–3 tbsp flour | 1 tbsp butter | 2 eggs, whisked | 1 tbsp sugar

1. Roll out pastry to fit to size and lie out in buttered cake tin. Keep cool.
2. Reduce grape juice to 150 ml, set aside.
3. Heat milk, cream and flour to smooth paste, stirring constantly. Stir in butter and cool.
4. Stir in grape juice, eggs and sugar into milk and cream mixture, pour onto pastry.
5. Bake in preheated oven at 200 °C for 35 to 40 minutes.